JN116535

世界一よくわかる！

ギリシャ神話
キャラクター
事典

オード・ゴエミンヌ 著

松村一男 監修

ダコスタ吉村花子 翻訳

Les héros de la mythologie - © Hachette Livre (Marabout), 2018
© Aude Goeminne

Japanese translation rights arranged with Hachette Livre, Paris
through Tuttle-Mori Agency, Inc., Tokyo.

Textes:Aude Goeminne
Illustrations et création graphique:Anne-Laure Varoutsikos
Iconographie:Candice Renault
Relecture:Séverine Legrand

This Japanese edition was produced and published in Japan in 2020
by Graphic-sha Publishing Co., Ltd.
1-14-17 Kudankita, Chiyodaku,
Tokyo 102-0073, Japan

Japanese translation © 2020 Graphic-sha Publishing Co., Ltd.

Editorial supervisor:Kazuo Matsumura
Translation:Hanako Da Costa Yoshimura
Text layout and cover design:Nao Tamura
Editor:Masayo Tsurudome
Publishing coordinator:Takako Motoki (Graphic-sha Publishing Co., Ltd.)

ISBN 978-4-7661-3427-8 C0076
Printed in Japan

CONTENTS

CHAPTER 4　壮大なる叙事詩

CHAPTER 5　獣や怪物

CHAPTER 6　不幸な者たちと有名なエピソード

本書の見方

本書では、ギリシャ神話を神やヒーロー、怪物といった登場人物を通じて紹介します。
それぞれのキャラクターの基本データやエピソードはもちろん、誰かに教えたくなるトリビアも満載！
はじめから順に読んでも、気になる登場人物から読んでも、どこから読んでも楽しめます。

名前

ギリシャ名の他に
ラテン語名や英語名も掲載

ギリシャ名 ………
ラテン語名／英語名 ……

特徴＆性格

登場人物の特徴や性格を
簡潔に紹介

ギリシャ神話の物語

登場人物にまつわる
基本のお話からエピソードまで

トリビア

ギリシャ神話の時代から現代まで
登場人物に関連する様々な雑学

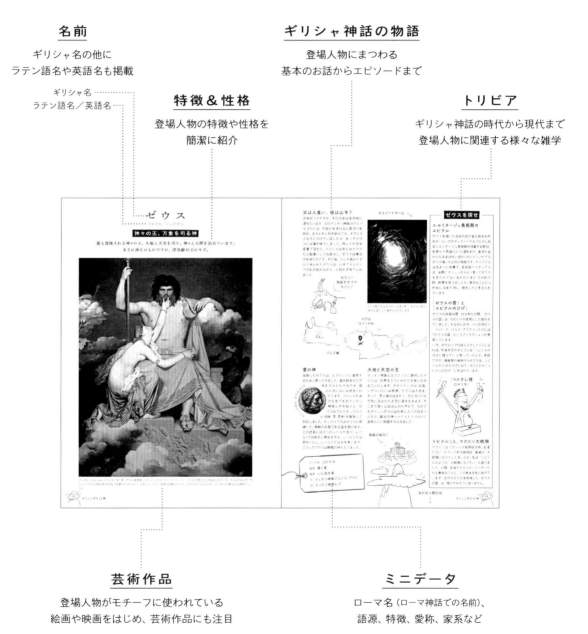

芸術作品

登場人物がモチーフに使われている
絵画や映画をはじめ、芸術作品にも注目

ミニデータ

ローマ名（ローマ神話での名前）、
語源、特徴、愛称、家系など

神話の歩み

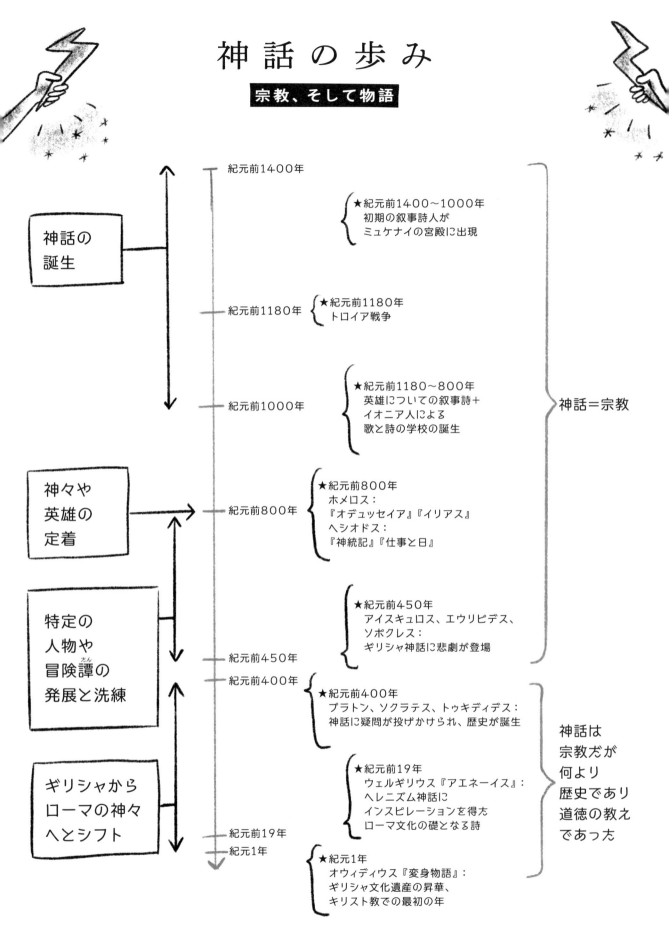

紀元前1400年

★紀元前1400〜1000年
初期の叙事詩人が
ミュケナイの宮殿に出現

神話の
誕生

紀元前1180年
★紀元前1180年
トロイア戦争

紀元前1000年
★紀元前1180〜800年
英雄についての叙事詩＋
イオニア人による
歌と詩の学校の誕生

神話＝宗教

神々や
英雄の
定着

紀元前800年
★紀元前800年
ホメロス：
『オデュッセイア』『イリアス』
ヘシオドス：
『神統記』『仕事と日』

特定の
人物や
冒険譚（たん）の
発展と洗練

★紀元前450年
アイスキュロス、エウリピデス、
ソポクレス：
ギリシャ神話に悲劇が登場

紀元前450年

紀元前400年
★紀元前400年
プラトン、ソクラテス、トゥキディデス：
神話に疑問が投げかけられ、歴史が誕生

神話は
宗教だが
何より
歴史であり
道徳の教え
であった

ギリシャから
ローマの神々
へとシフト

★紀元前19年
ウェルギリウス『アエネーイス』：
ヘレニズム神話に
インスピレーションを得た
ローマ文化の礎となる詩

紀元前19年
紀元1年

★紀元1年
オウィディウス『変身物語』：
ギリシャ文化遺産の昇華、
キリスト教での最初の年

神話とギリシャ文明

ギリシャ文明の基軸となるのが神話です。かつては神官でもあった叙情詩人は、王の祝宴で美しい物語を語って、人々を楽しませていました。けれども神話は単なる美しい物語ではなく、宗教でもあり、人間と彼らの信じるものを結びつけていました。人間や神々の起源を語る神話は、すべてのギリシャ人に共通した1つの物語、1つのモデル、1つの帰属意識を示し、それが都市間の戦争や競合を越えた文明の統一性を作りあげました。説明しがたいものを説明する物語、それが神話です。

太古の記憶の叙事詩

神話をさかのぼると、ギリシャの太古のぼんやりとした記憶にたどり着きます。紀元前14～11世紀のミュケナイの宮殿では、叙事詩人たちが歴史的出来事や自然現象にヒントを得た物語を語っていました。現実に起こったトロイア戦争に伴い、紀元前1180年にはイオニアに、初期の英雄叙事詩や、歌や詩の学校が出現します。ホメロスも、紀元前800年頃にこうした学校を卒業したと考えられます。当時の叙事詩人は、神々への崇拝を説く神官であり、詩人でした。ホメロスはそんな叙事詩人の中でも、圧倒的な知名度を誇っています。盲目だったとされ、ギリシャの2大叙事詩『イリアス』『オデュッセイア』を謳いました。『イリアス』はトロイア戦争について、『オデュッセイア』はオデュッセウス（P104）のトロイア戦争からの帰還を描いています。同時期、やはり叙事詩人のヘシオドスは、『神統記』で神々の起源について、『仕事と日』で人間の起源について謳いました。つまり、神話の骨組みは紀元前800年に成立したと言えます。さらに自身で詩作していた吟唱詩人に代わり、彼らの作った詩を語るラプソードスと呼ばれる吟遊詩人が現れます（口承しかなかった当時の、彼らの驚異的な記憶力を想像してみてください）。陶器や彫刻、絵画、建築などには、こうした神話の多大な影響が見られます。

文字記録への疑問

紀元前500～600年にかけて、三大悲劇作家と呼ばれるアイスキュロス、エウリピデス、ソポクレスが、悲劇を作りはじめますが、プラトンやソクラテスのような哲学者は、その正確性に疑問を投げかけ、こうした物語は歴史と一般道徳を伝える1つの手段にすぎないと考えました。プラトンは、自身でも神話を創作しています（洞窟の比喩〔自らのイデア論を説明するために、洞窟に暮らす人々を使った例え〕やアトランティス大陸などの物語）。同じ頃、歴史の父と呼ばれるヘロドトスとその後継者トゥキディデスは、歴史を定義し確立させました。「正確性と真実を追求し、噂や又聞きを退け、公平性を心がける」というのが彼らの主張する歴史ですが、この基準に従うと、神話はかなりあやしくなってしまいます。それでも、ほとんどのギリシャ人は信心深く、神々や英雄、神話が語る都市の起源を信じていました。ソクラテスは、伝統的な神々を否定し（本人はそんなことはないと主張しましたが）、アテネの人々の倫理と戦力を削いでペロポネソス戦争〔紀元前5世紀、古代ギリシャ全体におよんだ戦争〕での敗北を間接的に引き起こしたとして死刑に処されました。

ギリシャからローマへ

一方、地中海地域では、新興勢力のローマが台頭します。威光あふれる古（いにしえ）のギリシャの宗教は、ローマ人へと受け継がれ、彼らの神々と交じりあって名前は変化しました。例えば、ゼウス（P12）はユピテル、アプロディテ（P20）はウェヌスといった具合に。ローマ皇帝アウグストゥスの友ウェルギリウスは、ホメロスを意識し、トロイア戦争の英雄を題材にした『アエネーイス』を書きあげ、ギリシャ神話のローマへの継承を完成させ、詩人オウィディウスは、ギリシャ神話をもとにオリジナルを超えるような『変身物語』を書き、ヘレニズム文化を洗練させました。こうして、イエス・キリストの生誕と時を同じくして、ギリシャ・ローマ神話は頂点を迎えたのでした。

神々の家系図

#マフィアファミリー

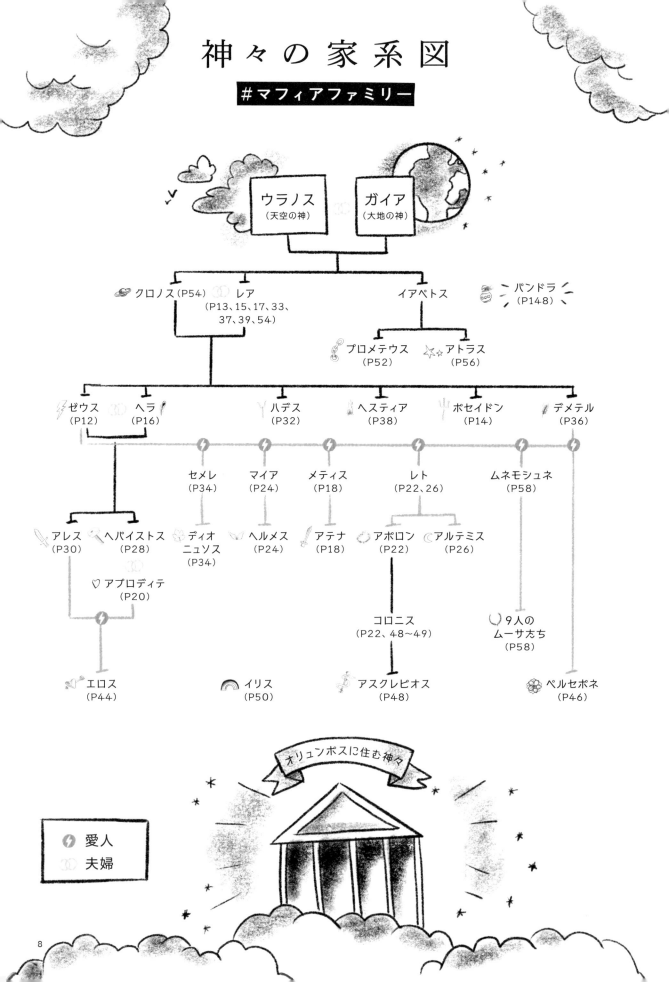

ウラノス
（天空の神）

ガイア
（大地の神）

クロノス（P54）　レア
（P13、15、17、33、37、39、54）

イアペトス

パンドラ
（P148）

プロメテウス
（P52）

アトラス
（P56）

ゼウス
（P12）

ヘラ
（P16）

ハデス
（P32）

ヘスティア
（P38）

ポセイドン
（P14）

デメテル
（P36）

セメレ
（P34）

マイア
（P24）

メティス
（P18）

レト
（P22、26）

ムネモシュネ
（P58）

アレス
（P30）

ヘパイストス
（P28）

ディオ
ニュソス
（P34）

ヘルメス
（P24）

アテナ
（P18）

アポロン
（P22）

アルテミス
（P26）

アプロディテ
（P20）

コロニス
（P22、48〜49）

9人の
ムーサたち
（P58）

エロス
（P44）

イリス
（P50）

アスクレピオス
（P48）

ペルセポネ
（P46）

オリュンポスに住む神々

愛人

夫婦

8

英雄と神話

#叙事詩

『イリアス』と
『オデュッセイア』

アルゴ号の遠征と金羊毛（P76〜80）

- イアソン（P76）
- メデイア（P78〜79）
- オルペウス（P80）
- カストルとポリュデウケス（P82）
- ヘラクレス（P70）

トロイア戦争と『イリアス』

- アイアス（P102）
- アンドロマケ（P96）
- ヘクトル（P94）
- アキレウス（P100）
- メネラオス（P99）
- ヘレネ（P93）
- パリス（P92）
- アガメムノン（P98）
- カサンドラ（P97）

『オデュッセイア』

- オデュッセウス（P104）
- ペネロペ（P104、110〜111）

『アエネーイス』

- アイネアス（P112）
- ディド（P114）

英雄

- ベレロポン（P90）
- ペルセウス（P88）
- ロムルスとレムス（P116）
- テセウス（P84）
- アンドロメダ（P88〜89）
- パイドラ（P86〜87）
- アリアドネ（P34〜35、85〜87、153）

愛された者たち

- レダ（P64）
- イオ（P63）
- ダナエ（P62）
- エウロペ（P65）
- オリオン（P66）
- ダプネ（P67）

怪物

- ミノタウロス（P73、85、152〜153、155）
- セイレン（P126）
- メドゥサ（P132）
- ペガソス（P120）
- エリニュエス（P122）
- ケイロン（P123）
- キマイラ（P90）
- アマゾネス族（P128）
- スピンクス（P130）

不幸な者たち

- シシュポス（P138）
- タンタロス（P136）
- ダナイスたち（P140）
- ナルキッソス（P147）
- イカロスとダイダロス（P152）
- パエトン（P146）
- ミダス（P142）
- オイディプス（P144）
- オレステス（P150）

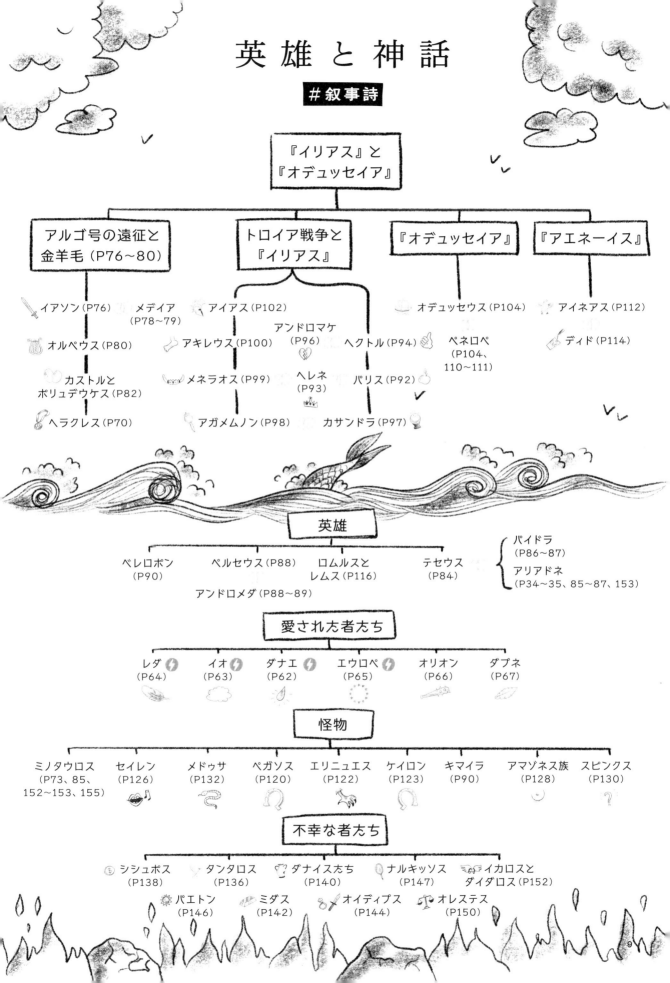

ヘルメス

ヘパイストス　ディオニュソス

アポロン

ラファエロ《神々の会議》(部分) 1518年、ヴィラ・ファルネジーラ (ローマ)：オリュンポスの神々が厳かに集まり、眉を寄せるゼウスを前にエロス (P44) が申し開きをしています。人間プシュケに恋したエロスは、何とか神々に彼女を認めてもらいたいのですが、そうした重大な決定には、12人のオリュンポスの神々にお伺いを立てねばなりません。左端に描かれているのがプシュケで、その右のヘルメス (P24) が彼女にすすめているのが、人間を神に変えてくれる飲料ネクタルです。エロスが飲む許可を取りつけることができれば、プシュケは飲めます。我が子エロスを指さすアプロディテは、プシュケについて「自分が課した数々の試練を乗り越えた、エロスの愛に値する女性だ」と説明しています。

オリュンポス12神は、それぞれシンボルと共に描かれているので、番犬ケルベロス (P124) を足元に従えたハデス、ヘラクレス (P70)、スピンクス (おそらくナイル川とテベレ川を表していると思われる2つの川を象徴する人物が寄りかかっている。P130)、その後ろの2つの顔を持つヤヌス (1つの顔は過去を向き、もう1つの顔は未来を向いている) も判別できます。

左から右へ：プシュケ、プット、ヘルメス、スピンクス、ヤヌス、テベレ川、ヘパイストス、ヘラクレス、ナイル川、ディオニュソス、アポロン、アレス、アプロディテ、ハデス、エロス、ポセイドン、ゼウス、アルテミス、ヘラ、アテナ

オリュンポス12神

アレス
アプロディテ
ハデス
ポセイドン
ゼウス
アルテミス
ヘラ
アテナ

　　リュンポス12神は、いわばギリシャ神話の
オ VIP的な神々。時計が12の文字盤の上をまわ
るように、あるいは1年が12か月かけて過ぎるよう
に、あらゆる出来事はこの12神を中心に起きます。
この特別なグループに入ることができるのは、オリ
ュンポス山に住む神々だけ。ゼウス（P12）は5人の神
と6人の女神（#男女同数）を率いています。これらの
神々は、ゼウスの兄弟、姉妹、子供たちですが、愛
の女神アプロディテ（P20）だけは別で、親族ではな
いにもかかわらず、あまりの美しさに仲間に入れて
もらったのでした。彼らは、人間を神に変える飲料

ネクタルを飲み、アンブロシアを食べて永遠の若さ
を保っていました。しかも人間たちは、たえず神々
に捧げ物をしなければならず、怠ると厳しい罰がく
だります。理論的には、冥界の神ハデス（P32）は地
下宮殿から出ることはないので、このグループには
入りません。同じく、いつも地上にいて人間たちと
酩酊しているぶどう酒の神ディオニュソス（P34）も、
仲間ではありませんが、2人ともオリュンポスの
神々と共に語られることが多いので、今回は特別に
入れてあげることにしましょう。

ゼウス

ユピテル／ジュピター

神々の王、万象を司る神

最も畏怖される神々の王。大地と天空を司り、神々と人間を治めています。
まさに神そのものですが、浮気癖が玉にキズ。

アングル《ユピテルとテティス》1811年、グラネ美術館（フランス、エクス＝アン＝プロヴァンス）：どこかで見たことのあるこのポーズ。それもそのはず。同じくアングルの1806年の作品《玉座のナポレオン》と同じポーズで、王杖も目線もそっくり。ナポレオンもゼウスも、シンボルが鷲なのは偶然でしょうか。

父は人食い、母は山羊?

大物ゼウスですが、その出生は意外性に満ちています。父のティタン神族のクロノス（P54）は、子供が生まれると裏切りを恐れ、次々と赤ん坊を飲みこみ、すでに5人も手にかけていましたが、末っ子ゼウスには運が味方しました。母レアが石を産着で包むと、クロノスは赤ん坊ゼウスだと勘違いして丸飲みし、ゼウスは事なきを得たのです。その後、クレタ島のイダ山へ送られたゼウスは、山羊アマルテイアの乳を飲みながら、人知れず育てられました。

ゼウス！部屋を片づけなさい！

#スイートホーム

クレタ島イダ山のミタト（山羊小屋）。ゼウスが幼少時代を過ごした場所とされています。

イダ山（まさに中央）

クレタ島

雷の神

成長したゼウスは、父クロノスに復讐するために戻ってきました。薬を飲ませて兄弟を次々と吐き出させ、彼らと共に父に反逆をくわだてます。クロノスが実の兄弟であるティタン神族と手を結ぶと、ゼウスはる巨人キュクロプス（稲妻、雷、雷鳴）を解放して対抗しました。キュクロプスはゼウスに感謝して、無敵の武器である雷を授けます。この武器には3つのレベルがあり、レベル1では相手に警告を与え、レベル2では罰をくだし、レベル3では命を奪います。こうしてゼウスは無敵の神となりました。

ギリシャの硬貨。紀元前500年

ローマ名：ユピテル
語源：輝く者
愛称：いと高き者
父：ティタン神族クロノス（P54）
母：ティタン神族レア

大地と天空の王

ティタン神族と父クロノスに勝利したゼウスは、世界を3つに分けて兄弟と治めることにします。ポセイドン（P14）は海、ハデス（P32）は冥界、ゼウスは大地を。そして、雲と嵐のはるか上、光と清らかな空気に包まれた天空に居を定めます。そこまで届く山はほんのわずかで、なかでもオリュンポス山はお気に入りの住まいとなり、鍛冶の神へパイストス（P28）に素晴らしい宮殿を作らせました。

最高の場所！

哀れな人間の地

エルミタージュ美術館のユピテル

ゼウスを描いた芸術作品で最も有名な作品が、ロシアのサンクトペテルブルクにあるエルミタージュ美術館が収蔵する彫刻。世界七不思議の1つと謳われた、象牙と金からなるまばゆいばかりの《オリンピアのゼウス像》の古代の複製です。オリジナルはあまりに見事で、彫刻家ペイディアスは、実際にオリュンポス山へ登ってゼウスを見たのではと言われたほど。8世紀の間、称賛を受けましたが、残念なことに5世紀に消息不明に。焼失したと考えられています。

「ゼウスの雷」と「ユピテルのひげ」

ゼウスの武器は雷。何百年もの間、「ゼウスの雷」は、ののしりの表現として使われていました。ちなみに近年、パリ近郊のテーマパーク、パルク・アステリックスには「ゼウスの雷」というアトラクションが登場しています。

一方、古代ローマの詩人ユウェナリスによれば、約束を交わすときには「ユピテルのひげに賭けて！」と誓っていたとか。余談ですが、繊維質の植物サルオガセは、ユピテルの立派なひげに似ていることから「ユピテルのひげ」と呼ばれています。

これがオレ様のやり方！

ユピテルこと、マクロン大統領

マクロンはフランス大統領就任時、記者たちに「オランド前大統領は"普通の"大統領になりたいと言ったが、私は"ユピテルのような"大統領になりたい」と語りました。以降、記者たちもコメンテーターたちも事あるごとに、この発言を取りあげています。古代の王たちを刺激した「ゼウスの雷」は、鳴りやみそうにありません。

ポセイドン

ネプトゥヌス／ネプチューン

誰もが知る海神

ゼウス（P12）の兄で海と水を司るポセイドンは、三叉槍（さんさそう）とイルカや馬の引く戦車が
アトリビュート（象徴物）。どこか憎めないのですが、短気で怒りっぽく、かっとしやすいのが欠点です。

ジョルダーノ《ネプチューンとアンフィトリテ》17世紀、メディチ・リッカルディ宮殿（フィレンツェ）

無敵の武器

ポセイドンと言えば三叉槍。父クロノス（P54）とティタン神族との戦いで解放されたキュクロプス（P13）たちが、感謝の気持ちをこめて贈った武器です。海を持ちあげ、山を2つに割き、水を湧き起こすことのできる最強の武器を手にし、ティタン神族を負かし、タルタロス（#どこかタルタルステーキを思わせる響き）の奥深くに閉じこめました。

イルカの戦車

ディズニー映画『リトル・マーメイド』のトリトン王と同じくポセイドンも、お気に入りのイルカが引く戦車を乗りまわすのが大好き。自身もイルカに変身して、女性を誘うこともあります。メラントという女性にもしつこくつきまとい、2人の間にはデルポスが生まれ、のちにデルポイの都市を作ることになりました。また、アンフィトリテとの結婚に手を貸してくれたデルフィノスといういイルカに感謝し、いるか座を作ってもいます。なかなか粋な計らいです。

反乱に失敗

淡水と海水の神ポセイドンは、広大な帝国を治めていましたが、必ずしもそれで満足していたわけではありません。大地を治めていた弟ゼウスへの嫉妬もありましたが、人食いの父クロノスから救ってくれた恩もあり、頭があがりません。しかしある日、ヘラ（P16）やアテナ（P18）と結託し、ゼウスを失脚させようとたくらみます。結果的に失敗し、1年の強制労働を科せられ、以後、同じ轍を踏もうとする者は誰もいませんでした。

ぼくの戦車に乗ってみない？

馬よりオリーブ

ポセイドンのもう1つのお気に入りの動物は馬。自分たちの守護神を決めるにあたり、アテナイで競争が繰り広げられたとき、ポセイドンが馬を作ったと言われています。アクロポリスの地面を三叉槍でひと突きすると、見事な馬が現れたとか。人々はすっかり感心し、口々にほめましたが、競争相手のアテナは知恵者で、オリーブの木を贈って女性票を獲得しました。確かにオリーブなら、戦争の足しにはならなくても、平和なときには重宝しそうです。ポセイドンの完敗！

勝った！
勝った！

ローマ名：ネプトゥヌス
語源：主（ぬし）
愛称：大地を震わせる者
父：ティタン神族クロノス（P54）
母：ティタン神族レア

ポセイドンを探せ

広告

三叉槍は、ポセイドンが治める海洋の象徴として定着。カリブ海に浮かぶ小国バルバドス共和国の国旗や、リゾート企業クラブメッドの社章などに採用され、海のイメージ作りにひと役買っています。現在でも、海中で魚をしとめるときに三叉槍が使われています。

このロゴ、どこかで見たな

クラブメッド

天文学

海のように青い海王星は、ポセイドンのラテン語名から派生して「ネプチューン」と呼ばれます。実は偶然で、海王星が見つかったのは、ホメロスよりもずっとあとの1843年のこと。しかも計算の結果発見されたので、星の色は未確認でした。そう言うものの、惑星記号はもちろん三叉槍 ♆ です。

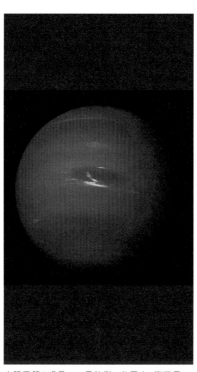

太陽系第8惑星で一番外側に位置する海王星。

ディズニー作品

映画『リトル・マーメイド』のトリトン王を思い浮かべてみましょう。魚の尾を取り除けば、ほぼポセイドンにそっくりです。最初のシーンに出てくるトリトンの黄金宮殿も、ポセイドンの海底宮殿にヒントを得ています。ホメロスは、この宮殿について「黄金に照り輝く、永遠に朽ちぬ」と語っています。

落ち着いて。

アンダー・ザ・シー
アンダー・ザ・シー
何て素敵な世界
ここではみんなハッピー
アンダー・ザ・シー

ヘ ラ

ユノ／ジュノー

婚姻と女性の女神

　不名誉なことに、ヘラはオリュンポス山の神々の中で最もひどい女神とされています。
浮気っぽいゼウス（P12）の妻であり、姉でもある彼女は、嫉妬に悩まされ続け、気難しく執念深い
性格になってしまったのです。彼女自身は貞節だったので、「婚姻の女神」「女性の守護神」となり、
人々から崇められていました。特に結婚や妊娠を望む女性たちからは、深く敬われました。

バリー《イダ山のゼウスとヘラ》1799年、シェフィールド美術館（イギリス、シェフィールド）：仲睦まじいゼウス
とヘラ。トロイア戦争中で、ヘラはゼウスがトロイア人たちを助けないよう注意をそらそうとしています。

いたずらなカッコウ

ヘラは好き好んで浮気っぽいゼウスの妻になったわけではありません。何度も求婚を断っていましたが、ある日、散歩中に濡れそぼったカッコウを見つけて不憫に思い、胸に抱いてあたためてあげたところ、実は弟ゼウスだったのです。ゼウスはもとの姿に戻り、姉を説き伏せました。ヘラの杖に乗っているカッコウは、いたずらなゼウスを思わせます。#いたずら坊主

#イケメン

夫の浮気に悩む妻

夫ゼウスとの初夜は３００年も続き、仲睦まじかったのですが、だんだんとほころびはじめます。ゼウスは浮気の常習犯で、ヘラはたえず見張っていなければならず、最悪の生活を強いられました。ある日、１００の目を持ちすべてを見渡す巨人アルゴス・パノプテスに頼んで、ゼウスの愛人で牝牛に姿を変えられていたイオ（P63）を監視させました。するとゼウスは、ヘルメス（P24）に命じてアルゴスを殺させ、心痛めたヘラはアルゴスをお気に入りの動物クジャクに変えました。クジャクの羽に目がたくさんついているのは、そのためです。

《ヘラ像》カピトリーニ美術館（ローマ）

ティーカー《パリスの審判》20世紀：一番後ろに立つのがヘラ。黄金のリンゴを勝ち取ることができず、いらだっているようです。

見えてるよ！　見えてるよ！　見えてるよ！　見えてるよ！

執念深い宇宙探査機

ジュノーはヘラの英語名。ジュピター（ゼウス）、すなわち木星の探査機としてこれ以上ぴったりの名前はありません。ミッションを完璧にこなし、今後、ガスに包まれた木星の地層データを収集し、微に入り細にわたって観察する予定です。まさにヘラのリベンジ！

貨幣と6月

ヘラはローマ人からユノと呼ばれ、6月（ジューン）の語源です。加えて、ローマのカピトリウムの丘にはユノのための神殿「ユノ・モネタ」が建てられました。「ユノ・モネタ」とは「警告する女」の意で、敵が夜襲をかけてきたときに、このあたりに住んでいた聖なる雁が鳴き声を発したことに由来しています。神殿の隣には銀貨の造幣所が作られ、「モネタ」と呼ばれました。これが現在のフランス語の「モネ（貨幣）」の語源となっています。

山のエコー

あるニンフ〔自然界に現れる女性の姿をした精霊〕は、ゼウスの浮気を援護しようと、おしゃべりでヘラの注意をそらせました。ヘラの本当の怖さをわかっていなかったのでしょう。腹を立てたヘラは、ニンフが人より先に発言できないよう、話し相手の最後の言葉しか言えないようにしました。そのニンフの名はエコー。今となっては姿は見えませんが、その声は響き続けています。

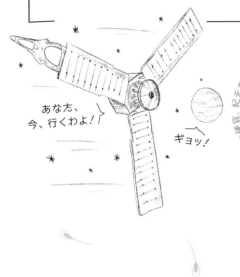

あなた、今、行くわよ！

ギョッ！

ベールと共に去りぬ

ギリシャの硬貨、紀元前500年

ヘラには言い寄ってくる男性も少なからずいましたが、貞節を守り続けました。まとうベールはヘラの象徴で、ギリシャの婚礼のシンボルでもあります。夫ゼウスの浮気癖に絶望したある日、制止を振り切って飛び出しました。そこでゼウスはベールをまとった木像を身近に置き、恋人だと噂を広めることに。怒りに燃えるヘラは、ライバルを押しのけようと戻ってきましたが、夫のいたずらだと気づくと、笑いがこみあげてきて仲直りしたそうです。

ローマ名：ユノ
愛称：白い腕の、牝牛の目を持つ
父：ティタン神族クロノス（P54）
母：ティタン神族レア

天の川

ヘラは夫ゼウスの愛人だけでなく、その子供たちにも怒りを向けました。その1人、生まれたばかりのヘラクレス（P70）〔母は人間アルクメネ〕のゆりかごに2匹の蛇を送ったこともあります（ただし、ヘラクレスは蛇を絞め殺し退治。P70）。そんなありさまでしたが、ゼウスの息子たちは、ヘラの乳を飲まない限り、神にはなれません。そこでゼウスは一計を案じ、ヘラが寝ている間にヘラクレスをその横に置くことにしました。天の川は、この出来事がきっかけで生まれたと言われています。乳を吸われて目を覚ましたヘラが、乱暴に赤ん坊を押し返したため、乳は空にまで舞いあがり、天の川になったのでした。

無限を超えて！

ティントレット《天の川の起源》1575年頃、ロンドン・ナショナル・ギャラリー（ロンドン）

アテナ

ミネルヴァ／ミネルヴァ

戦さの女神

アテナイ市民から愛される女神アテナは、
賢さ、戦略、戦争、芸術、職人、理性、文芸、思考を司る女神です。

クリムト《ミネルバ》あるいは《パラス・アテナ》1898年、ウィーン市立歴史美術館（ウィーン）:「青緑色の目を持つ女神」と呼ばれたアテナは、この絵ではメドゥサの頭部をつけた見事な鎧を着用しています。メドゥサの頭は、手を貸してくれたお礼にペルセウス（P88）から贈られたもの。腕には、静かにじっとこちらを見つめるアテナのシンボル「フクロウ」が。

頭脳派

ある日、ゼウス（P12）は、妊娠中の妻メティスが男の子を生み、その子がいつか自分に取って代わるだろうという予言を耳にします。注意深い彼は、メティスをハエに変えて飲みこみ、危険を回避しようと考えました。極端と言えば極端です。それから数か月後、ひどい頭痛に襲われ、鍛冶の神ヘパイストス（P28）に頼んで、斧で額を割ってもらうと、なかから完全武装したアテナが飛び出てきました。何と、すでに槍を持ち、兜をかぶっていました。

エクストラバージン

アテナイ市民は、自分たちに最上の贈り物をしてくれた神を町の守護神にすることにしました。自信満々のポセイドン（P14）は馬を贈り、市民たちは大喜びしましたが、アテナは地面をひと突きし、オリーブの木を生えさせました。男たちはがっかりしましたが、賢い女たちはオリーブの木が油を与えてくれると理解し、アテナを守護神に選んだと言います（アテナは手綱も作り出し、馬を手なずけました。#一件落着）。

ギリシャ

アテナイ

素晴らしき女神

アテナの聖なる動物はフクロウ。夜も昼もすべてお見通しのフクロウは、「英知」の象徴です。伝言役でもあり（『ハリー・ポッター』を思い出す人もいるはず）、数々の英雄に助言を与えて窮地から救いました。古代アテナイの硬貨にも刻まれ、ギリシャ語でフクロウを意味する「グラウクス」は、テトラドラクマ硬貨を指す言葉として使われるように。現在でも、ギリシャで作られる1ユーロ硬貨には、フクロウが刻まれています。

フクロウが刻まれたアテナイの硬貨、紀元前500年

フクロウが刻まれたギリシャの1ユーロ硬貨

ローマ名：ミネルヴァ
特徴：頭
愛称：処女
父：ゼウス（P12）
母：メティス（思慮の女神）

アテナを探せ

フクロウ

ヨーロッパでは、フクロウと言えばアテナのイメージが強く、小ぶりなフクロウは「アテナのコキンメフクロウ」と呼ばれています。『ハリー・ポッター』以前からフクロウは知識のシンボルであり、フランスの有名な出版社レ・ベル・レットルのロゴにも、思慮深いまなざしのアテナのフクロウが描かれています。

ハリー・ポッターの元祖はこちら！

ペイディアスの彫刻

パルテノン神殿の建築時、ペイディアスは素晴らしいアテナ像を制作し、聖所に設置しました。金と象牙で作られたこの像は大変高価だったそうで、材料となる金の購入だけで兵士1万人の1年間の給金に匹敵したと言います。

盾飾り

ペイディアスの金と象牙の彫像の盾には、蛇が生えたメドゥサ（P132）の頭部が描かれています。ペルセウス（P88）は、アテナの助けを借りてゴルゴンのメドゥサを倒し、その頭をアテナにお礼として贈りました。アテナは、鎧にこれを飾って首のまわりに着けたり、盾の上に飾ったりしました。

アテナの彫像はあまりにも高価だったため、アテナイの市民たち（特にこの絵で兜をかぶって彫刻家と話しているペリクレス）は他都市との同盟資金を転用。それがペロポネソス戦争の遠因となりました。

処女でも母のような存在

パルテノン神殿はアテナに捧げられた神殿で、「パルテノス」が「処女」を意味することを知っている人は、意外と少数派です。アテナはヘパイストスに乱暴されそうになり、必死に抵抗しました。ヘパイストスは思いを遂げられませんでしたが、アテナの太ももに精子がかかり、羊毛でふき取って地面に落としたところ、半人半蛇の子が誕生。アテナはその子をエリクトニオスと名づけ（エリオンは「羊毛」、クトンは「地」の意）、ひそかに育てました。エリクトニオスはアテナイ王となります。

ママ！

#アテナイ

アプロディテ

ウェヌス／ヴィーナス

愛と豊穣の女神

フランス語の「アフロディジアック（催淫効果のある）」
という言葉は、アプロディテに由来します。
海の泡から生まれたと言われる愛の女神アプロディテは、
オリュンポスの神々に惜しげもなくその美しい裸体を披露しました。
絶世の美女に贈られる黄金のリンゴを勝ち取ったほどの美貌で
戦争を引き起こしますが、軍神の心をも征服します。

ボッティチェッリの
《ヴィーナスの誕生》は
フィレンツェの
ウフィツィ美術館に！

一糸まとわぬ
小麦色の裸体

ボッティチェッリ《ヴィーナスの誕生》1484年頃、ウフィツィ美術館（フィレンツェ）

海の泡

アプロディテの出生の物語は、波乱に富んでいます。天空の神ウラノスは子供が生まれても、妻の大地の神ガイアのおなかの中に閉じこめたまま。うんざりしたガイアは、息子クロノス（P54）に大鎌を渡し、クロノスに父の男性生殖器を切断させました。するとウラノスの精子が海に落ちて（だから海には白い泡が立っているのです）、波に子を授け、アプロディテが生まれました。ギリシャ語で「アプロス」が「泡」を意味するのは、このためとする説もあります。

ヤッホ！

貞操帯？

真珠のように海から生まれたアプロディテは、貝に乗ってキュテラ島に着き、そこからオリュンポスへと連れていかれました。その美しさに驚嘆した神々は、何とか自分のものにしたくてたまりません。なかでも最も醜いヘパイストス（P28）は、女性が魅惑的になるという魔法の帯を作り、彼女を手に入れようと考えます。作戦は功を奏し、他の女性に帯を奪われないかと気が気ではないアプロディテは、ヘパイストスと結婚。しかし結果的に彼は、古代で最も有名な寝取られ男になってしまいます……。

#退屈

絶世の美女！

アプロディテを探せ

アモーリー＝デュヴァル《ヴィーナスの誕生》、1862年、リール宮殿美術館（フランス、リール）：「苦い波の娘、処女ヴィーナスは母の涙を揺さぶり、髪を編んでこの世をはらませた」というアルフレッド・ミュッセの詩の一節にインスピレーションを得た作品。

黄金の川の
ような
美しい髪

でも、
ちょっと
寒いかも！

「アフロディジアック
（催淫効果のある）」

ヨーロッパの多くの文化圏において、「アプロディテ」という言葉には「催淫効果」の意味があり、愉悦を刺激する様々な製品を連想させます。一方アジアでは、男性生殖器に似たサイの角が精力増強に効果ありと信じられており、サイが大被害をこうむっているとか。さすがのアプロディテも、そこまでは想像しなかったでしょう。

ヴィーナス・アナデュオメネ

貝に乗ってキュテラ島へ運ばれるアプロディテの姿は、アートの世界で繰り返し取りあげられ、ボッティチェッリの《ヴィーナスの誕生》にも描かれています。このテーマは「ヴィーナス・アナデュオメネ」、すなわち「水からの出現」と呼ばれています。愛の悦びの島として名高いキュテラ島は、多くの詩や、画家ヴァトーの描写する「雅宴画」で有名になりました。詩人ヴェルレーヌも「艶めかしきうたげ」という作品を残しています。ANADYCMENE

ウェヌスの経済効果

アプロディテのラテン語名はウェヌス、英語名はヴィーナス。フランス語では、「美」と同義語でもあります。フランスには、『ヴェニュス・ボーテ・アンスティテュ（エステサロン・ヴィーナス・ビューティー）』という映画がある他、ヴィーナスの名前を冠したエステサロンが町にひしめき、愛の女神の宣伝効果のほどがうかがえます。女性用カミソリのネーミングにも使われていて、「女神のような」気分にさせてくれるそうです。

浮気者を釣りあげる

ヘパイストスと結婚したアプロディテですが、すぐにアレス（P30）と不倫に走ります。アレスは、ヘパイストスの弟であり、美男の戦さの神。しかしある朝、太陽神ヘリオスは浮気の現場を目にし、ヘパイストスに知らせました。怒った鍛冶の神ヘパイストスは仕返しに透明の網を作り、アプロディテのベッドの上に置き、2人をしとめ、裸でもつれあった姿のまま、オリュンポスの神々の前にさらし者にします。神々は彼らを嘲笑し、屈辱感でいっぱいの2人は別れ、それぞれ引きこもってしまったそうです。

黄金のリンゴ

ある日、オリュンポスで婚姻の宴が開かれました。そこへ招かれなかった嫌われ者の女神エリス（不和の女神、ローマ名はディスコルディア）が現れ、「最も美しい女性へ」と書かれた黄金のリンゴをテーブルの上に投げました。どの女神も我こそはと競い、決着がつかなかったため、とうとうゼウス（P12）は羊飼いのパリス（P92）に選ばせることに。アプロディテが、パリスに絶世の美女の愛を与えることを約束すると、パリスは彼女にリンゴを渡しました。けれども、パリスが望んだ美女ヘレネ（P93）は

既婚者だったため、彼はヘレネをさらい、トロイア戦争の原因を作ってしまいます。

ローマ名：ウェヌス
語源：泡？
父：ウラノス（天空の神）
母：海

アポロン
アポロ／アポロ

太陽、音楽、歌、詩、男性美を司る神

ギリシャ文化が洗練されるにつれ、アポロンの人気は高まり、
音楽、歌、詩、美、太陽と属性も増えていきました。まさにマルチな神です。

光り輝く島で生まれた光の子

ゼウス（P12）の不義の子、アポロン。母レトは、ヘラ（P16）の嫉妬から身を隠し、オルテュギア島でアポロンを生みました。レトは、いつか息子がこの島に神殿を建てること、そして島をデロス（「光り輝く」の意）と名づけることを誓います。アポロンが生まれると、パクトロス川からやってきた白鳥たちが島のまわりを7回飛び、レトの出産を祝いました。これを記念し、のちにアポロンは自らの竪琴に7本の弦を張って白鳥をシンボルとし、ゼウスは息子に白鳥の引く戦車を贈りました。

（少し臭う）予言の神

予言能力を持つアポロンは、神託のための神殿を探してデルポイにたどり着きますが、恐ろしい蛇ピュトンがのさばっていました。それを退治し、その皮をさらして腐敗するままにしておいたことから、「腐敗」はギリシャ語で「ピューティン」と言うように。そこから派生し、アポロンは「腐敗させる者」を意味する「ピューティアン」、その巫女は「ピューティア」と呼ばれるようになりました。デルポイの巫女は、神託を告げるときに、臭気漂う火山の噴気孔上に置かれた蛇の皮にすわっていたというのですから、さぞ臭いお告げだったことでしょう。

何か臭うのは、私？

ローマ名：アポロ
特徴：太陽
愛称：遠まわしな（予言神）
父：ゼウス（P12）
母：ティタン神族レト

メニエル《光の神アポロンと天文の神ウラニア》1800年、クリーブランド美術館（アメリカ、クリーブランド）：アポロンは4つのシンボル、「白鳥」「竪琴」「月桂樹」「ヒマワリ（太陽へ向かって咲く花！）」と共に描かれています。ウラニア（P58）との間に生まれたリノスは、メロディを創造したと言われ、竪琴の演奏技術を進化させました。

月桂樹を戴く太陽

ギリシャ人は、次第にアポロンを太陽の神として崇めるようになりました。アポロンは、性格も外見も明るく、影の一片すらなく、音楽を司ることから、歌、詩、竪琴を競いあう場では常に勝利を収めていました。シンボルの1つ、月桂樹によって（P67）、勝者の象徴でもあります。

浮気

カラスは、アポロンお気に入りの鳥で、もともとは純白だったと言います。ある日、1羽のカラスがアポロンに恋人コロニス（P48）が浮気をしていると告げ口をしました。怒ったアポロンは矢で恋人を射ますが、彼女は息も絶え絶えに自分が妊娠していることを告げます。アポロンは赤ん坊を救い、出産を見守る医学の神としました。告げ口した腹黒いカラスは黒くされ、以降、「密告屋」を意味するようになりました。

バチカン美術館

かの有名な《ベルヴェデーレのアポロン》のアポロンは、片側に体重をかけ、右足をやや前に出し、マントが柔らかなドレープを作っています。その美しさからは、シンボルである弓（現在は消失）を絞って、ニオベの子供たちを殺そうとしているところだとはとても想像できません。アポロンの母レトよりもたくさん子供を産んだことを鼻にかけていたニオベは、アポロンからすさまじい仕返しを受けました。

カロス・カガトス、善にして美

ギリシャ人もローマ人も、アポロンを美の神と崇めたため、現在でも「アポロン」という語は、彫刻作品のような完璧な外見の男性を意味します。しかも、詩や叙情的な歌をも司るため、美貌のみならず明るさと深みも兼ね備えています。アポロンのために開催されていた「ピューティア大祭」は、一種の文化オリンピックのような祭典でした。

月を目指すアポロ

1961年に当時のケネディ大統領が立ちあげたアポロ計画。しかし太陽ではなく月を目指すのですから、「アルテミス（P26）計画」の名の方がふさわしかったはずです。いずれにせよ計画は成功を収め、12人の宇宙飛行士が月面を歩きました。けれども人々の記憶に強く残っているのは、酸素タンクが爆発し、乗組員たちの生還が危ぶまれたアポロ13号。ロゴには太陽神の輝く戦車が刻まれていました。

神話クイズ

アポロンが手に握っているものは？

Ⓐ → 弓

Ⓑ 花束 →

Ⓒ → カラオケ用マイク

Ⓓ → ポールダンスのバー

《ベルヴェデーレのアポロン》2世紀、バチカン美術館（ローマ）：
オリジナルは紀元前4世紀のギリシャ彫刻。この作品はローマの複製。

答え：Ⓐ……答えはⒶ

ヘ ル メ ス

メルクリウス／マーキュリー

商売、旅行、泥棒の神

天才的で、いたずら好きで、悪賢くて、抜け目ないヘルメス。
オリュンポスの神々のメッセンジャーとして知られていますが、旅人や商売人、
そして泥棒の守護神でもあります（ヘルメス自身も泥棒）。様々な種類の道具を発明した彼は
神話での登場回数が最も多く、たいていの場合、英雄を助ける役目を担っています。

ロラン《アポロンとヘルメスのいる風景》（部分）1645年頃、ドーリア・パンフィーリ美術館（ローマ）：手前のアポロンは、憎まれっ子ヘルメスが聖なる牛を盗んでいるとも知らずに音楽を奏でています。ヘルメスは音楽の神アポロンに竪琴を献上し、何とか許してもらいました。

ローマ名：メルクリウス
特徴：行き来
父：ゼウス（P12）
母：マイア（ティタン神族アトラス
　　［P56］の娘）

泥棒の神

ヘルメスは、何と生まれた日の夜にゆりかごを飛び出し、アポロン（P22）の聖なる牛を盗みにいきました（しかも、あとをつけられないよう、牛を後ろ向きに歩かせたというほどの知恵者。#早熟）。羊飼いに見つかりますが、牛を渡して買収します。これに味をしめ、母マイアに「泥棒は最高の職業だ。自分は泥棒の神になる」と宣言しました（#進路選択）。その後、ゆりかごへ戻ってぐっすりと眠ったそうです（#大物）。

亀の竪琴

牛を盗まれて激怒したアポロンは、犯人を突きとめますが、赤ん坊ヘルメスは頑として認めません。泥棒にして嘘つき、たいした才能です。皮肉にも買収された羊飼いが密告しますが、ここがヘルメスの機転の見せどころ。発明したばかりの亀の甲羅で作った竪琴を、音楽の神アポロンに贈ったのです。策は大成功し、大喜びのアポロンはヘルメスを許し、ヘルメスは泥棒のみならず、商売の神にもなりました。

結構な数の言葉の語源

ヘルメスのラテン語名はメルクリウス。これは「マーチャンダイズ（商品）」とか「マーケット」という語に関係しており、実際、ヘルメスは迅速にメッセージやものを届けることから、商売の神とされています。一方、水銀もメルクリウス、すなわち「マーキュリー」と呼ばれます。クイックシルバーと呼ばれるほど活発だからです。天文学の分野では、水星もマーキュリーと呼ばれ、フランス語の「水曜日（メルクルディ）」の語源ともなっています。要領のいい果報者と言えるでしょう。

結構な数の魔術に関係

ヘルメスは、エジプトの神トート（イシスが、ばらばらにされたオシリスの体を復活させようとするときに、手を貸したのもトート）と同一視され、エジプト王朝後期には「ヘルメス・トリスメギストス」として崇められました。「三重に偉大なヘルメス」を意味するこの神は、神秘主義的思想の「ヘルメス文書」を記したとされます。「ヘルメス的」すなわち「秘教的（手に入れがたく難解）」という言葉もここに由来し、さらに「密封した」とか「わかりにくい」という意味も派生しました。

結構な数の広告に登場

生まれてすぐにアポロンの牛を盗んだためでしょうか、牛革を使う、かのブランド名にもヘルメスが登場します。現代のマーケティングでは、ヘルメスが大活躍。例えば、フットワークのよさやメッセンジャーとしての手腕を買われ、フラワーショップネットワークのインターフローラのロゴに使われたり、旅人の神である点から、ホテルチェーンのロゴにも用いられています。

3組の翼

気前のいいアポロンは、赤ん坊ながらも泥棒のヘルメスに、金でてきた伝令の杖ケリュケイオン（カドゥケウス）を贈りました。ヘルメスは、これに以前ケンカをして引き離された2匹の蛇を加えました。以降、この杖は商売と雄弁の象徴となり、フランスの国民議会の演壇にも描かれています（医学を象徴するアスクレピオス〔P48〕の杖とは別。アスクレピオスの杖には翼もなく、蛇も1匹だけ）。ペタソスと呼ばれる帽子も、ヘルメスのアトリビュート（象徴物）。これはギリシャの旅人がかぶっていた、つばのついた丸い帽子です。この帽子にもサンダルにも翼がついています。

お前が悪い

何よ、あなたのせいよ

ボローニャ《天翔けるメルクリウス》（部分）16世紀、バルジェロ美術館（フィレンツェ）：気品にあふれ、重力に反するかのような軽やかさで、今にも飛び立たんばかりの彫像。風神アイオロス（P76）の頭を踏みつけるほどの身の軽さです。もともと噴水として作られた作品で、アイオロスの口から出る水が軽快な印象を一層引き立たせていました。

「ヘルメスからメッセージが届いています」

ヘルメスは抜け目のなさが買われて、神々のメッセンジャーに指名されました。確かにヘルメスなら、頭の回転も足の速さも折り紙つき。ちなみに、アフロディテ（P20）とアレス（P30）は不倫がバレて捕らえられます（P21）が、ヘルメスは、「こうした罰を3度受けてても、アフロディテの恋人になってみたい」と言い放ちました。気の弱っていたアフロディテはこれを受け入れ、両性具有のヘルマプロディトス（ヘルメス＋アプロディテ）が生まれました。

冥界への導き手

ヘルメスは医学から泥棒まで、はたまた売春をもカバーする守備範囲の広い神。死者の家族にとっては、冥界への導き手であることも重要なポイントです。フランス語ではこれを「プシコポンプ」と言いますが、「プシコ」は「魂」、「ポンプ」は「導き手」を意味します。ゼウス（P12）のために冥界から死者を連れ出していたのもヘルメスです（P46）。

#冥界ガイド

左手に見えるのが、地獄の扉です

アルテミス

ディアナ／ダイアナ

狩りと野生動物の女神

美しく、人を寄せつけない狩りの女神。同時に容赦ない、残忍な一面も持ちあわせています。
人間不信で、野生動物やお供の女性たちとの森での生活をこよなく愛していました。

《アルテミスと雌鹿》2世紀、ルーヴル美術館（パリ）：オリジナルは紀元前4世紀のギリシャ彫刻。古代ギリシャでは、膝上のスカートもベルトも（！）あまりに慎みに欠けるとされていましたが、純潔なアルテミスだけは、速く走らねばならないという言い訳が通用したと言います。

ローマ名：ディアナ
特徴：清廉潔白
愛称：野生動物の女主人
父：ゼウス（P12）
母：ティタン神族レト

あなたの
ママよ！

お産の女神

ママ、かんで！

アルテミスの母でティタン神族のレト（P22）は、ゼウス（P12）の子を妊娠中、ヘラ（P16）に執拗に追いまわされますが、無人のデロス島に逃げ、9夜9日苦しんだのち、無事に出産。最初に生まれてきたアルテミスはすぐさま母を助け、双子の弟アポロン（P22）が生まれました。アルテミスはアポロンを心から愛しましたが、分娩の苦しみを目にしてすっかり怖気づき、父ゼウスに自分を一生処女のままにしておいてほしいと頼みます。「絶対に出産だけは嫌だ」とこばみ、異常なまでの執念をもって処女を貫きました。

イピゲネイアの犠牲

アルテミスは、驚くほど自尊心が高く、容赦のない性格。例えば、狩りをおえたミュケナイ王アガメムノン（P98）が、「アルテミスだって、これほどの立派な鹿はしとめられないだろう」と口を滑らすと、ギリシャ艦隊を足どめし、トロイア戦争へ行けなくさせました。娘イピゲネイアを生贄にすればアルテミスの怒りが解けると聞いたアガメムノンは、何とか出陣したい一心で、涙を呑んで娘を炎の上に捧げます。しかし最後の瞬間、アルテミスは娘と鹿を取り換えて、彼女を自分のお供の1人にしました。ホッ！

こぐま座とおおくま座

ある日、父ゼウスはアルテミスのおつきのカリストに恋をしました。そこで何とアルテミスの姿になり、カリストを犯します。カリストが妊娠している（つまり処女ではない！）ことに気がついたアルテミスは、情け容赦なく彼女を熊に変えて罰しました（＃不公平）。のちに、カリストの息子アルカスはこの熊に出会いますが、実の母と知らずにしとめようとします。不憫に思ったゼウスは、2人を天にあげました。こうして、こぐま座とおおくま座は作られました。

月の女神ディアナ

アルテミスは、ローマではディアナと呼ばれ、必ずと言っていいほど頭部に三日月をつけていました。しかし、ギリシャではあまり見られません。バチカン宮殿に収蔵されている紀元前4世紀の《アルテミスと犬》は、三日月が配された珍しいギリシャ作品です。また、フランス国王アンリ2世の愛妾、ディアーヌ・ド・ポワティエのアネット城にあった彫刻作品《アネットのディアナ》にも三日月が見られます。

女狩人

「女狩人ディアナ」は美術界で有名なテーマの1つ。アンリ2世の愛妾ディアーヌ・ド・ポワティエをモデルに描いた作品がそのはじまりです。ディアーヌ自身も狩りの名人で、狩りの女神アルテミスに近づこうと努めました。ただし、ルーヴル美術館の作品のような裸体（!）の女神像は、慎み深いアルテミスとはほど遠いものです。

ディアヌ賞

もう170年も昔から、パリ郊外のシャンティでは世界で最も有名な競馬の1つディアヌ賞が開催され、エレガントな帽子をかぶった女性たちが競うようにつめかけます。ディアヌ賞という名前は、たまたまつけられたわけではありません。ディアヌ（アルテミス）は馬の名手アマゾネスの守護神であり、この賞を競うのは、若雌馬（雄馬は不参加）なのです。女神たちの中で最も俊足のディアヌの名を冠するだけのことはあります。

#女狩人

フォンテーヌブロー派《狩人ディアナ》16世紀中頃、ルーヴル美術館（パリ）：モデルはアンリ2世が夢中になったディアーヌ・ド・ポワティエ。国王より20歳も年上でした。この絵で美しい肢体を見せています。

冷酷な処女

純潔にこだわるあまり、アルテミスには無慈悲な一面もありました。例えば、水浴びをしていたとき、道に迷った狩人のアクタイオンとたまたま鉢あわせすると、水をかけて鹿に変えたのです。パニックになったアクタイオンは悲鳴をあげて逃げたものの、自分の猟犬たちにかみ殺されてしまいました。

とりあえず
食べていれば幸せ！

ティツィアーノ《アクタイオンの死》1559〜1575年、ロンドン・ナショナル・ギャラリー（ロンドン）：ここでは神に出会った人間が経験する神の残酷さが描かれています。それは同時に、魅惑的な女性の男性に対する絶対的な力も暗示しています。

ヘパイストス

ウゥルカヌス／ヴァルタン

炎、もの作り、鍛冶、職人そしてアーティストたちの神

とても醜く、とても人のよい神。気分が悪くなるほどの外見なのに、頭の回転が速く、器用。
外見ゆえに苦労しますが、オリュンポス12神の中では最も実用的な神と言えるでしょう。

古代のカジモド〔『ノートル・ダム・ド・パリ』の主人公の名〕

ヘパイストスの母ヘラ（P16）は、不実な夫ゼウス（P12）に仕返しすべく、ゼウスがいなくても自分1人で身ごもれることを見せつけようと考えました。しかし不幸にも、生まれてきた子はあまりに醜く、こんな赤ん坊では仕返しどころか逆に恥をかいてしまうと思い、誰にも気づかれないよう、オリュンポスからこの子供を投げ捨てることを決意します。何とひどい母親！　ただでさえ醜いヘパイストスは1日かけて落ちたせいで、哀れにも体がゆがんでしまいました。

ゲーム・オブ・スローン

母親に投げ捨てられた赤ん坊ヘパイストスは、優しいニンフ〔自然界に現れる女性の姿をした精霊〕たちの上に落ち、人知れず育てられました。彼女たちから宝石の作り方を習い、才能を発揮すると、ある日、母に手作りの金のスローン（玉座）をプレゼントして復讐しようと思いつきます。玉座を贈られたヘラは、すぐにすわりますが、その途端、しかけが働いて立ちあがることができなくなってしまいました。ヘパイストスは解放してほしいという母の訴えに耳を傾けず、ぶどう酒の神ディオニュソス（P34）に酔わされ、ようやく譲歩しました。痛い思いをしたヘラは、以後、自分の捨てたヘパイストスを少しは敬うようになったと言います。

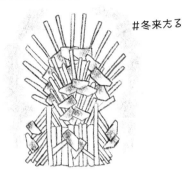

#冬来たる

目覚めるエトナ火山（イタリア、シチリア）。

火山のウゥルカヌス

「愛は盲目」と言えど、限度があります。いくらヘパイストスが、人がよく、働き者で、才能があっても、絶世の美女アプロディテ（P20）はあまりにも高嶺の花でした。何しろ相手は女神一の美貌、こちらは神々一の醜さ（そして足が不自由）です。魔法の帯（P20）で気を引いて結婚にこぎつけたものの、妻の浮気はとまりませんでした。深く悩んだあげく、鍛冶場をエトナ火山の奥底に作り、引きこもることに。火山は英語で「ヴォルケーノ」、フランス語では「ヴォルカン」。ヘパイストスのローマ名「ウゥルカヌス」が語源です。

火の神でも女性は御せない

疲れを知らない職人ヘパイストスは、次から次へと素晴らしい品々を作り、オリュンポスに納めました。エロス（P44）の矢もその1つで、作り手のヘパイストスが、愛に縁がなかったとは何とも皮肉です。彼は母と妻のおかげで（？）女性の恐ろしさを知っていたので、ゼウスから「人類最初の女性パンドラ（P148）を作ってくれ」と頼まれたときも困りませんでした。むしろうまく作りすぎたと言えるかもしれません。パンドラは、人類にありとあらゆる災いをもたらしたのですから。

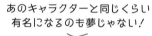

あのキャラクターと同じくらい有名になるのも夢じゃない！

アラバマ州のバーミンガムには、1904年に作られた世界最大の鋳造作品（高さ17m）があります。ヘパイストスをモデルにした作品で、この地域の発展に大きく寄与した製鉄業へのオマージュです。周辺には、公園と美術館も作られました。

ティンダー「出会い系アプリ」

#マッチしません

ローマ名：ウゥルカヌス
特徴：燃える者
愛称：不自由な足
母：ヘラ（P16。父はいない）
妻：アプロディテ（P20）

ゼウスの雷

ヘパイストスをおいて、「ゼウスの雷(P13)」を作れる職人などいるでしょうか。プラド美術館収蔵のルーベンスの作品には、赤いピレウス帽をかぶって作業をするヘパイストスが描かれています。荒っぽくて粗暴な性格に反し、彼の作り出す雷は神々しく、優雅で繊細。ヘパイストスの抱える矛盾が見事に表されています。一見単なる不調法者のようですが、よく観察してみると隠された面が見えてきます。

斧の一撃

アテナイにはヘパイストス神殿と呼ばれる美しい神殿があり、ヘパイストスとアテナ(P18)が共有していました。そう言うと、奇異に聞こえるかもしれませんが、アテナの出生にヘパイストスがひと役買ったことを思い出してみましょう(P18)。激しい頭痛に苦しむゼウスの頭部をヘパイストスが斧で2つに割り、なかから完全武装したアテナが出現し、ゼウスの頭痛も収まりました。芸術作品でアテナの誕生にヘパイストスがよく登場するのも、そうした理由からです。

ルーベンス《ユピテルの雷を鍛えるウゥルカヌス》1636〜1637年、プラド美術館(マドリード)

『スタートレック』

SF作品『スタートレック』に登場するスポックは、ヴァルカン人。ヴァルカン星は、焼けつくような砂嵐と雷鳴のとどろく砂漠のような惑星です。雷や暑さと言えば、ウゥルカヌス(ヘパイストス)。ヴァルカンという星の名も納得です。

『スタートレック』の主要人物の1人、スポック(左)はヴァルカン人。

アキレウスの武器

ヘパイストスは自分を拾って育ててくれた海のニンフ、テティスに頭があがりませんでした。あるときテティスから、息子アキレウス(P100)がトロイア戦争でけがをしないよう武具一式を作ってくれと頼まれます。張り切って作りあげた武具は、この世のものとは思えぬ素晴らしさで、特に盾は世界全体を完璧に表現していました(#アーティスト)。

フラクスマン《アキレウスの盾》1821〜1822年、クイーンズ・ギャラリー(ロンドン、バッキンガム宮殿):トロイア戦争で、アキレウスの従兄弟で戦友のパトロクロスは、アキレウスの武具を借りて出撃するも命を落とし、武具を奪われてしまいます(P101)。そのため、ヘパイストスは代わりの武具を作りました。

ハイホー
ハイホー
仕事、大好き!

アレス

マルス／マーズ

戦争、残酷さ、破壊の神

戦さの神アレスは嫌われ者で、嫌われるだけの性格の持ち主でした。荒れ狂う戦さ、惨状、
血を愛する彼の名から連想するのは、暴力的な死やペスト。不吉な星の神でもあります。

愛に飢えた神

アレスは忌み嫌われ、実の両親ゼウス
（P12）とヘラ（P16）からも、正統な1人息
子であるにもかかわらず疎まれていまし
た。不幸な話ですが、彼が卑怯な臆病者
でさえなければ、気の毒にもなるでしょ
う。彼を愛したただ1人の女性、アプロデ
ィテ（P20）にしても、アレスの美しさ、筋
肉豊かな肉体、輝く武具にしか興味があ
りませんでした。2人の間には、デイモス
（恐慌）とポボス（敗走）という2人の子供
が生まれますが、父と同じくらい嫌われ
者で、父と共に戦場へと向かいます。

不当な神、でも正義のシンボル

意外にも、アテナイの司法機関であるア
レオパゴスは、アレスに由来しています。
アレスは、かつて自分の娘を犯した男を
殺したため、神々がアクロポリスの向かい
の丘（犯行現場）に集まり、史上初の裁判
が開かれました。1人だけ反対者がいたも
のの、アレスは無罪放免となり、以降、ア
テナイ市民はすべての殺人をこの丘で裁
くことにしたのです。アレオパゴスは、
「アレスの丘（丘＝パゴス）」を意味します。
現在でもギリシャでは、アレオパゴスは最
高裁判所の名称となっています。

次の被告、入って！

復讐の神

アレスには正義も法もなく、戦争一筋で
したが、だからこそ宣誓を司る神となった
のかもしれません。確かに不正者が最も
恐れたのは、復讐と破壊と恐怖の神です。
成人すると、名誉にかけて祖国を愛し守る
と誓っていたアテナイ市民も、アレスの復
讐を思い浮かべていたのかもしれません。

ダヴィッド《ヴィーナスと三美神に武器を取りあげられるマルス》1824年、ベルギー王立美術館（ブリュッセル）：相変わらず傲慢で感じの悪いマルス。アプロディテ（ヴィーナス）と三美神にちやほやされ、武器を取りあげられています。足元には、サンダルのひもを解いたいたずらっ子のエロス（P44）の姿が見えます。ダヴィッドは本作を3年かけて仕上げましたが、遺作となりました（♯戦争をやめて愛しあおう）。

捕獲されて

アレスを愛したただ1人の女性が、愛の女
神アプロディテ。彼女はヘパイストス
（P28）と結婚したものの、すぐに夫とは比
べものにならないほどの美男アレスと不
倫に走り、ついには太陽神ヘリオスに現
場を押さえられてしまいます。太陽神か
ら妻の浮気を知らされたヘパイストスは
仕返ししてやろうと、透明の網を作って
妻のベッドの上に置き、2人を捕まえて、
裸でもつれあった姿のままオリュンポス
12神の前にさらしました。誰もが彼らを

からかい、死ぬほどの辱めを受けた2人
は別れ、人里離れた場所へ引きこもりま
した。

ローマ名：マルス
語源：人殺し
愛称：人間の災禍
父：ゼウス（P12）
母：ヘラ（P16）

#ひげ面アレス

ベラスケス《マルス》1638年頃、プラド美術館（マドリード）：あえてマルス〔アレス〕を考えこむポーズで描き、滑稽さを感じさせる作品。アレスが考えこむなどありえないと言っているかのようです（#嘲笑）。もしかしたら、ヘパイストスに加えられた屈辱について考えているところなのかもしれません。

アレスの頭部、紀元前420年：戦争は若者の活動の1つでした。戦さの神アレス（マルス）が若者の（ときには、まだ年端もいかないような）姿でしばしば描かれるのはそのためです。古代イタリアの「聖なる春」〔危機に瀕した共同体が行っていた儀式。春に生まれた若者をマルスに捧げ、彼らが成人すると他所へ移民させていた〕では、マルスは他所に植民して都市を作る若者を導いていました。

アレスを探せ

パリのシャン・ド・マルス公園

シャン・ド・マルス公園

ルイ15世の時代、パリに士官学校が設立され、その前に広がる大遊歩道シャン・ド・マルス公園は演習場として使われました。シャン・ド・マルスは「マルスの広場」を意味し、もともとローマ人たちがローマにある演習場を戦さの神マルス〔アレス〕にちなんで命名したのがはじまりです。古都ローマにならい、パリの演習場にもマルスの名前がつけられました。

3月と火曜日

ギリシャでは忌み嫌われていたアレスも、ローマでは人気者。永遠の古都ローマを作ったロムルスとレムス（P116）の父だからです。そのため、火曜日だけでなく、1年の最初の月である3月（マーチ）にもマルス〔アレス〕の名を採用しました（P41）。ちなみに、かつては3月が1年のはじまりでした（#マーズでリフレッシュ!）。9月（セプテンバー）は9番目の月なのになぜ7（セプト）の月と呼ばれるのか、もうおわかりですね。

マーズ・アタック!

血を好むアレス以上に、真赤な火星に似つかわしい神などいるでしょうか。火星（マーズ／アレス）の衛星は、父に従って参戦した2人の子供にちなんでポボスとデイモスと名づけられました。ちなみに衛星（サテライト）とは、もともと「護衛」を意味します。天文学者たちのセンスもなかなかです。

ヴァル・キルマー主演の映画『レッドプラネット』（2000年）のポスター。太陽系の中でも火星は血のような赤い色。

小僧、戦争へ行くぞ!

パパ、オレたちのことはほっといてよ

#ポボス　　#デイモス

ハデス

プルトー／プルート

冥界の主、死そして豊穣の神

ゼウス（P12）の兄ハデスは冥界の神。3つの頭を持つ番犬ケルベロス（P124）と共に、
ステュクス川〔この世とあの世を分ける川〕を渡ってくる人間の魂を見張っていました。

目に見えない力

ハデスは父クロノス（P54）に飲みこまれ、弟ゼウスに助けられました。ゼウスは吐剤を父に飲ませ、兄弟姉妹を吐き出させたのです。かんかんに怒ったクロノスは、兄弟であるティタン神族を動員して子供たちに立ち向かいましたが、子供たちはキュクロプス（P13）を解き放ち、撃破しま

した。感謝したキュクロプスはハデスに素晴らしい贈り物をこしらえます。犬の皮でできた帽子で、それをかぶると姿を消せるため、ハデスは不可視神とも呼ばれるようになりました。ハリー・ポッターの透明マントに勝るとも劣らない秘密兵器です。

かぶりものは悪くないけど、ビジュアル的にどうなんだろう！

《ハデスにさらわれるペルセポネ》19世紀、装飾芸術美術館図書館（パリ）：「真夜中の悪魔は私を闇の奥へと連れていく」。

ペルセポネの誘拐犯

兄弟たちはティタン神族に勝利を収め、ハデスは闇の王国の分け前に与り、そこから決して出ることはありませんでした。引きこもれば引きこもるほど、結婚の可能性も低くなります。彼が冥界を出たのは、若くて美しい姪のペルセポネ（P46）を力ずくで奪ったときの1度だけ。無邪気なペルセポネは、シチリア島で水仙を摘んでいたところ、ハデスにさらわれてしまいます。ペルセポネの母で農業と収穫の女神デメテル（P36）は、娘の父でもあるゼウスに「娘を返してくれなければ、農作物が育たないようにする」と警告しました。

6粒のザクロの実

ペルセポネの誘拐事件後、自然界は大変な事態になりました。冬がいつまでも続き、人間たちは飢えに苦しみました（＃冬に備えよ）。とうとうゼウスは譲歩し、ペルセポネを返すようハデスに命じましたが、ずる賢いハデスはすでに先手を打ち、彼女に6粒のザクロの実を食べさせていました。冥界の食べものを口にした者は、死者の国から出られないのです。結局ゼウスは、ペルセポネを1年のうち6か月は地上に戻し、6か月はハデスと過ごすよう命じました。以来、デメテルは、毎年6か月間、娘の不在を嘆き、その間に冬が来るようになりました。

ぼくたちを食べないで！ 民より

知っている？

ギリシャ人たちは冷酷なハデスを恐れるあまり、その名を直接口にすることはなく、「富める者」と呼び（ギリシャ語では「プルートン」、ラテン語では「プルトー」）、豊穣の角を持たせました。あえて響きのよい名で呼ぶことで、ハデスに取り入ろうとしたのでしょうか。あるいは、冬があるからこそ春もあるのだと理解したのでしょうか。いずれにせよ、芸術作品では、二叉鍬（兄弟のポセイドン〔P14〕は三叉槍）を持っているので、すぐにわかります。もしかすると、サタンの持つ鎌も、これに由来するのかもしれません。

ノメ《冥界の風景》1622年、ブザンソン美術館（フランス、ブザンソン）：左にはペルセポネとハデスが冥界を眺めている様子が描かれています。中央に流れるのは、この世とあの世を分けるステュクス川。渡し守カロンの姿も見えます。

ハデスを探せ

不吉な惑星

太陽系の中で最も寒い星が、1930年に発見された冥王星。ハデスのローマ名から、欧米では「プルトン」とか「プルート」と呼ばれています。うすら寒い冥界のような冥王星に似つかわしい命名と言えるでしょう。さらに冥王星の衛星には、番犬ケルベロスと、ステュクス川〔この世とあの世を分ける川〕を渡る死者の魂の渡し守カロン（P124）の名がついています。しかも厳密には、ハデスがオリュンポス12神のメンバーではないように、冥王星も2006年以降、惑星とは見なされていません。

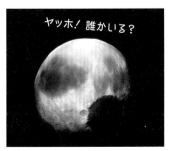

ヤッホ！誰かいる？

もはや惑星ではない冥王星。

糸杉

ヨーロッパの多くの墓地で植樹が許可されているのは、糸杉だけ。根が垂直に張る数少ない木の1つで、死者の邪魔をしないと考えられているためです。ギリシャ人はこのことをよく知っていて、糸杉を「ハデスの木」とし、ハ　　　　スに捧げものをするときは（それも夜　　　　間、黒い色の動物だけ）、神官は糸杉　　　　の冠をかぶっていました（#筋が　　　　通っている）。

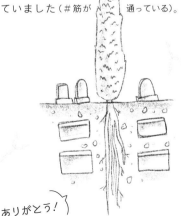

ありがとう！

もっとハデスについて知りたいなら、P47の冥界の地図を参考に！

ローマ名：プルトー
語源：富める者
愛称：不可視神
父：ティタン神族クロノス（P54）
母：ティタン神族レア

ハデスと同じく見えない神殿

ディズニー映画『ヘラクレス』に登場するハデスは、とがった歯と青い炎のような髪の世にも恐ろしい姿で、ゼウスを追い落とそうとあらゆる悪だくみを仕掛ける、サタン顔負けの悪の権化的キャラクター。もちろん古代ギリシャ人の描いた神のイメージからはほど遠いのですが、彼らもハデスを忌み嫌っていたことは事実で、捧げられた神殿も讃歌もほぼ見当たりません。

ディオニュソス

バックス／バッカス

ぶどうと酩酊と豊穣の神

ぶどう酒と悦楽と過剰の神。演劇と悲劇をも司り、ギリシャ人は、
数え切れないほどの詩や劇を捧げました。しかし、ディオニュソス密儀崇拝は、
放埒を極めたため、ローマの元老院は、これを禁じざるをえませんでした。

気のおけない飲み会

ファン・エーヴェルディンゲン《ディオニュソスと2人のニンフとプット》1660年頃、アルテ・マイスター絵画館（ドイツ、ドレスデン）

炎につつまれる母

ローマ名：バックス
語源：ニュッサの神？
父：ゼウス（P12）
母：テーバイ王女セメレ
妻：クレタ王女アリアドネ

ゼウス（P12）は、ディオニュソスの母セメレに首ったけでした。セメレが身ごもると、当然、ゼウスの正妻ヘラ（P16）の強烈な嫉妬を買いました。悪賢いヘラは、セメレに「ステュクス川〔この世とあの世を分ける川〕に誓って望みを叶えてほしいとねだってみたら」とけしかけました。そして、ゼウスの本当の姿を見せてほしいというセメレの望みは、悲劇的な形で叶えられます。「ステュクス川に誓う」（P50）と言え

ば、絶対に約束は破れないため、ゼウスは激烈な輝きと共に現れました。すると、セメレはその光を受けて焼け死んでしまったのです。ゼウスは、おなかの子だけ何とか助け、自分のももに入れて育てました。

妊娠者用
オーダーメイド
ズボン

ゼウスのももから生まれた赤ん坊

母セメレの悲劇的な死から数か月後、赤ん坊ディオニュソスはゼウス（ユピテル）のももから生まれました。ゼウスはこの半神半人の赤ん坊を、特別に神としました。フランス語の「高貴な生まれ」を意味する「ユピテルのももから生まれる」という表現は、これに由来します。けれどもディオニュソスは、他の神々のようにオリュンポスに住むことはなく、ぶどうの冠をかぶり、テュルソス（松の実のついた杖）を持ち、にぎやかなお供の者たちを連れて、森や田園を彷徨し続けました。

ぶどう酒や血のように赤いディオニュシア祭

ディオニュソス信仰は、ひどく野蛮でした。マイナデス（別名はバッカイ）と呼ばれる信女たちは、実際にいたようですが、時にトランス状態になったことから、マイナデスは「憑依」を意味するようになりました。サテュロス（雄山羊の耳、足、尻尾を持つ半神半獣）と共に、森で乱痴気騒ぎを繰り広げ、素手で野生動物を殺して生肉を食べたり、血やぶどうを顔に塗りたくったりしていたと伝わっています。しかも獲物の皮をまとっていたというのですから、ぞっとするような姿だったでしょう。

かかってこい！

二面性

ディオニュソス信仰があまりにもおぞましかったため、テーバイ王ペンテウスはこの一行を投獄することにしました。ディオニュソスが神だと知らなかったのです。ディオニュソスは仕返しに、ペンテウスの母と姉妹をマイナデスに変えました。ペンテウスを野獣だと思いこんだ彼女たちは、素手でずたずたに引き裂き、その肉を食べました。この身の毛もよだつ話は、ぶどう酒の神ディオニュソスは歓喜を与える一方で、行きすぎれば恐ろしい事態をもたらすことを示しています。

ママ、試験に落ちたら、ディオニュソスのせいだからね！

バカロレア 0/20

カラヴァッジオ《バッカス》（部分）1598年頃、ウフィツィ美術館（フィレンツェ）：カラヴァッジオは、構図にぶどう酒を取り入れ、モデルに官能的なポーズを取らせています。モデルはカラヴァッジオのボーイフレンドだったとも。

#自然なポーズ

ディオニュソスを描いたワインラベル。手にはテュルソスが。19世紀、個人蔵。

バカロレア

フランスの高校卒業認定試験バカロレアの語源は、バックス（ディオニュソス）と考えられています。かつて貴族の若者たちは、まだ騎士の地位も手にしない頃からわずかばかりの土地を所有し、たいていぶどうを栽培していました。そうした土地は「バカラリア」と呼ばれ、所有者は「バシュリエ」と呼ばれていたのです。バシュリエは、次第に未婚の貴族の若者を指す言葉となり（英語で独身男性を指す「バチェラー」もこれから派生）、「学生」を意味するようになりました。国王フランソワ1世は、文芸や科学の分野に功績のあった人々のために、バカロレア騎士団を創設。ナポレオンは1808年に、現在のバカロレアを導入しました。ただし、ダプネ（P67）に由来するという説もあります。

星の冠

ディオニュソスは、彷徨と旅を続けるうちに、ナクソス島でアリアドネと出会います。彼女は、命を救ったテセウス（P84）に捨てられた美しい王女（P85）で、ひと目ぼれしたディオニュソスは彼女をなぐさめ、クレタ島で結婚します。ディオニュソスは、アリアドネに愛を示そうと、自らの冠を空に投げました。それが、かんむり座になったと言います。何ともロマンティック！2人の恋の物語は、多くの芸術家を魅了し、芸術作品の題材に多用されています。

トラゴスとトラジェディ

アテナイの大ディオニュシア祭では、ぶどう酒の神に敬意を表して悲劇が上演されていました。「悲劇（トラジェディ）」は、ギリシャ語の「トラゴス（雄山羊）」に由来し、元来は「雄山羊の詩歌」を意味したようです。マイナデスたちが雄山羊（または他の野生動物）の皮で作った布をまとっていたことから、派生したと思われます。

パニックを引き起こす悪友

ディオニュソスのお気に入りのお供が、シレノスとパン。シレノスは、ディオニュソスを育てた太鼓腹で好色のサテュロス。パンは、集団ヒステリーと羊飼いの神。パンは道化役で人気が高かったものの、ニンフたち〔自然界に現れる女性の姿をした精霊〕につきまとい、ひどく恐れられたことから、極度の恐怖を表す「パニック」の語源となりました。

デメテル

ケレス／セリーズ

農業、収穫、貧者、働き者の女神

デメテル（ケレス）は、「小麦のような」金色の髪が印象的な美しい女神。
穀物を育てる力を持っているのは、偶然ではありません。
穀物、すなわちシリアルの語源はケレスです。人間たちに農業をもたらした女神は、
深く敬われていました。1人娘のペルセポネ（P46）がさらわれると、深く懊悩（おうのう）しました。

ドッシ《ケレス》16世紀、バルベリーニ宮殿国立古典絵画館（ローマ）

#ラブリー

ケルキラ島（コルフ島）での恋

デメテルは牡牛に姿を変えたゼウス（P12）に犯され、ペルセポネを産むことになりますが、以前はむしろ女性に興味があったようです。ケルキラ島のニンフ〔自然界に現れる女性の姿をした精霊〕であるマクリスを寵愛し、彼女への愛から、島のティタン神族に種まきと収穫の技術を教えると、人間の間で農業が広まりました（#マクリス、ありがとう!）。

#愛がいっぱい

ペルセポネの誘拐

ある日、デメテルの美しい娘ペルセポネがシチリア島で水仙を摘んでいると、地面が裂け、冥界の神ハデス（P32）が現れました。夜のように真黒な馬の戦車に乗ったハデスは、ペルセポネを闇の帝国へ連れ去って我がものにしようと、さらいに来たのです。絶望したデメテルは錯乱しながらも、9夜9日かけて探しまわり、両手に松明を持って、すれ違う人に片端から娘を見なかったか尋ねたそうです。

エレウシスの神秘

さらわれた娘を必死に探すデメテルの姿は、まるで年老いた物乞いのようでした。ある日、エレウシスの町に出かけ、助けを求めたところ、王に手厚く迎えられたため、小麦を贈り、王子たちに農業の奥義を教えて謝意を示しました。以後、エレウシスでは毎年9夜9日かけてこの「神秘」を祝い、デメテルに彼女の聖獣ブタを捧げたそうです。

~~四季~~ 二季の女神

ハデスに娘を連れ去られたと知ったデメテルが死んだようになると、植物の生育もとまり、人間は冬と飢えに悩まされることに。こうした惨状を前にゼウスも譲歩せざるをえず、兄ハデスにペルセポネを戻すよう伝えます。しかし、ずる賢いハデスは、すでに6粒のザクロの実をペルセポネに食べさせていました。冥界の食べものを口にした者は、もう地上に戻ることができないのです。結局、ゼウスが仲立ちし、ペルセポネは、6か月は地上で6か月はハデスと過ごすことになりました。こうして季節が生まれ、ペルセポネのいない6か月は冬となったのです。

ギリシャの硬貨、紀元前500年

セレスブランドのパスタの広告
（セレスはデメテルのローマ名ケレスのフランス語読み）

デメテルを探せ

アリストパネスの『女だけの祭』

デメテルは、ほぼすべての食物をカバーする女神です。ギリシャ人の主食はパンだったため、食事の支度を担う女性たちは、アテナイで彼女を崇拝していました。デメテル信仰に男性の立ち入りは厳禁で、秘密をもらした女性は死罪に処されます。喜劇詩人アリストパネスも信仰内容については知りませんでしたが、喜劇『女だけの祭』を著し、彼女たちをあざ笑いました（#ジェラシー）。

もう！
勝手なこと
書かないでよ！

バイオダイナミック
農法製品のロゴ

デメターは、バイオダイナミック農法の国際的認証機関で、53か国で審査を行っています。今やオーガニックの分野で多用される農法ですが、自然との神秘的な関係や信仰儀式のような手順は、どこか宗教を思わせます。デメテル信仰は、こんなところにも残っているのかもしれません。

シリアルの女神

古代ギリシャの経済は、オリーブ、ぶどう、穀物（大麦、小麦）の、いわゆる地中海3大製品に大きく頼っていたため、デメテルも非常に重要視されていました。都市の繁栄の鍵を握る女神への深い信仰心は、現代にもその跡を残しています。例えば、朝食に人気のシリアルの語源はケレス（デメテル）。これからは、朝食のたびに彼女のことを思い浮かべそうです。

おはよう！
素敵な
1日を！

CORTÉGES. — Fête en l'honneur de Cérès dans l'antiquité.

食品加工会社リービッヒ社の広告。古代ローマのデメテル信仰を描いています。

ローマ名：ケレス
語源：母なる大地
父：ティタン神族クロノス（P54）
母：ティタン神族レア
娘：ペルセポネ（P46）

ヘスティア

ウェスタ／ヴェスタ

聖火と家庭の女神

オリュンポス12神の中では知名度は低いものの、家庭と聖火を司る重要な女神。
優しく貞節で、家の建築技術を発明したと言われています。

パドヴァニーノ《ヘスティア、ヒュメナイオス、エロス、アプロディテを描いた結婚生活のアレゴリー》1630年、美術史美術館（ウィーン）

優等生的長女

神々の長女ヘスティアは、兄弟と同じく父クロノス（P54）に飲みこまれましたが、ゼウス（P12）に吐剤を飲まされたクロノスが吐いたときに最初に出てきました。つまり、二重の意味で長女なのです。長女らしく優等生的存在で、常にオリュンポスにいて、神々や人間たちの戦いに加わることはありませんでした。ゼウスは、オリュンポスの平和を守る姉への感謝をこめて、捧げものがあるたびに最初に供物をゆずりました。

役に立つロバ

神々は処女神が大好き。ある日、男性の生殖力を司るプリアポスは、寝ているヘスティアを襲おうとします。しかしプリアポスのロバが鳴いて起こしてくれたおかげで、間一髪逃れることができました。以来、ヘスティアのシンボルはロバ。愚鈍とされるロバですが、なかなか役に立つのです。

ヘスティア神殿（ローマ）

処女も楽じゃない

ギリシャ芸術にはあまり登場しないヘスティアですが、ローマ時代はウェスタと呼ばれ、知名度も高まり、その巫女たちはローマでも最も重要な女性たちとされていました。彼女たちは神職に就いてから30年間は処女を守らねばならず、このしきたりを破ると生き埋めの刑に処せられました。その代わり、ローマにおけるあらゆる権利を与えられていました。

誰かー！
助けてー！

ウェスタの
巫女の墓

身近なところにも……

フランス語では玄関を「ヴェスティビュル」と呼びますが、その語源はヘスティアのローマ名ウェスタにあると考えられます。ローマ時代の「ヴェスティビュル」は暖炉のある部屋を指し、決して絶やしてはならない炎の燃える、捧げものに不可欠な空間でした。

作者不詳《ヘスティアの巫女たち》制作年不詳、個人蔵

オリンピックの火

ギリシャの各都市には、行政の長の建物「プリュタネイオン」（現代の市庁舎のような場所）があり、聖火が灯っていました。ヘスティアの祭壇で燃える炎は、都市の魂とも言うべき存在で、非常に重要視され、決して絶やしてはならず、別の土地に植民するときには火分けされるものでした。デルポイは世界の中心であり、デルポイの炎はギリシャ全体の炎だと考えられていたので、聖火を司るヘスティアは、とりわけデルポイで特別視されていました。オリンピックの火も、もとは「ヘスティアの火」に由来します。

ベールをかぶった家庭的女神

ヘスティアは、オリュンポスにこもってほとんど姿を見せることがなかったので、彫像や壺に描かれることもごくまれでした。数少ない作品でもベールをかぶった姿で描かれることが多く、家庭に特化した女神であることがよくわかります（#専業主婦的女神）。詩人オウィディウスは、あまりのヘスティアのイメージの少なさに驚きつつも、実は各都市の炎が彼女の象徴だとしています。それなら、ヘスティアの存在感はかなり増します。

ローマ名：ウェスタ
特徴：燃える
愛称：家庭の暖炉
父：ティタン神族クロノス（P54）
母：ティタン神族レア

見える、見えない
見える、見えない
ちょっと見える
見えない

太陽系の惑星

太陽

0.4AU*
水星
（マーキュリー／ヘルメス、P24）

最も回転速度が速い惑星であることから、
敏捷（びんしょう）なメッセンジャーであるヘルメスに
ちなんで名づけられました。

0.7AU
金星
（ヴィーナス／アプロディテ、P20）

表面温度465度と、太陽系の中で最も高
温の惑星（＃熱い、＃お熱いのが好き）。これ
は偶然でしょうか。月と太陽に次いで最
も光度の高い星でもあります（＃愛がいっぱ
い）。

地球
（ガイア）

みんなの母なる大地！

1.5AU
火星
（マーズ／アレス、P30）

軍神好みの血のように赤い星。火星のま
わりをまわる衛星は、アレスの息子にちな
んでポボス（敗走）とデイモス（恐慌）と名
づけられました。

5.2AU
木星
（ジュピター／ゼウス、P12）

神々の中でも最大の大物ゼウス同様、太
陽系最大の惑星。衛星には、さらってきた
イオ（P63）とエウロペ（P65）という人間
の女性、オリュンポスに連れてこられた美
少年ガニュメデス（P154）、ゼウスに犯さ
れたニンフ〔自然界に現れる女性の姿をした精
霊〕のカリスト（P26）をはじめ、数多くの
愛人の名が（無理やりが多い）。

9.5AU
土星
（サターン／クロノス、P54）

見ているだけでゾクゾクする氷の輪に取
り巻かれた土星は、我が子を飲みこんだ
クロノスにぴったりの星。

19AU
天王星
（ウラヌス／ウラノス）

空のように青い惑星。ゼウスの祖父ウラ
ノスは天空を司っていたのですから、青い
のも当然です。

30AU
海王星
（ネプチューン／ポセイドン、P14）

海のように青い惑星。3つの衛星にはそれ
ぞれ、トリトン（ポセイドンの息子で半人半
魚、波の神）、ネレイド（海のニンフ）、ラリッ
サ（ポセイドンとの間に3人の子を産んだ愛人）
の名が。

39AU
冥王星
（プルトー／ハデス、P32）

2006年以降、惑星ではなく、矮星（わいせい）とさ
れています。太陽系の最遠に位置し、マイ
ナス228度と最も寒く、冥界の神、氷と
闇が支配する地下帝国の主にふさわしい
星です。

*太陽から地球までは約1億5000万km。これを天文単位ではAUと定め、各惑星間の距離を測るときに用いています。

神々との1週間

#ゴッドカレンダー

週の概念が登場したのは3世紀。
当時は、まだ6つの惑星と太陽しか知られていませんでした。

月曜日

月の日：アルテミス（P26）

頭に三日月が
描かれることが多い

月の女神

彼女の狩る野生動物と同じく、
人見知りでとっつきにくい
夜行性の女神

火曜日

火星の日：アレス（P30）

カレンダーには、
火曜日と3月の
2回登場

ローマ人は敬った方が、
ギリシャ人は残酷な戦争の
神として忌み嫌った方

水曜日

水星の日：ヘルメス（P24）

あやしげな仕事
全般の神様

木曜日

木星の日：ゼウス（P12）

後期ラテン語で
「ディエース・ヨウィス」は
「ユピテル（ゼウス）の日」
の意

ゼウスの
典型的ポーズ

神々のリーダーなのに、
曜日的には存在感が薄い
（#ガッカリ）

金曜日

金星の日：
アプロディテ（P20）

最高の美女

愛の女神で、
裸体が
まぶしい

エロス（P44）の
エロティックな母
（#好色オバサン）

土曜日

土星の日：クロノス（P54）

安息日（シャバット）、
7日目（セプメディ）も
土曜日の語源ではないか
と言われている

サトゥルヌス祭（P55）
では主人と奴隷が
分け隔てなく楽しんだ
（#サタデーナイトみたい）

日曜日

太陽の日：
ヘリオス（アポロン〔P22〕）

英語
「サンデー」は、
ずばり
「太陽の日」
の意

フランス語で、
キリスト教の語源が
明確に確認できる
日は日曜日
だけ。

「ディエース・ドミニクス（主の日）」
からフランス語の
「ディマンシュ（日曜日）」
が派生

メモ

月の起源

★3月（マーチ）：温暖な季節のはじまり、戦いの再開。かつて1年は3月からはじまっていた。

★4月（エイプリル）：「開く」を意味する「アプリリス」に由来。つぼみが開く月。

★5月（メイ）：アトラス（P56）の娘でヘルメスの母、マイア（P24）が語源。

★7月（ジュライ）：政治家、軍人、文筆家のユリウス・カエサルへの敬意を表して命名。

★8月（オーガスト）：ユリウス・カエサルの後継者アウグストゥス皇帝が語源。

★9月〜12月（セプテンバー、オクトーバー、ノベンバー、ディセンバー）：それぞれ7〜10を表す。ローマ時代、ユリウス・カエサルの頃まではそれぞれ7、8、9、10月だった。

★1月（ジャニュアリー）：ユリウス・カエサル以降（紀元前46年）、1年の最初の月とされる。2つの顔を持つ神ヤヌス（P10）が語源。

★2月（フェブリュアリー）：「フェブリュアーレ（浄化する）」が語源。フェブリュアレスは死者の鎮魂のための祭事。

CHAPTER 2

#ギリシャ悲劇

ねえねえ、聞いてる?
感じてる?
ほら、ここにいるよ
触ってごらん

ラファエロ《パルナッソス》(部分) 1510年、バチカン美術館 (ローマ)

左から右へ:エラト、ウラニア、タレイア、エウテルペ、アポロン、クレイオ、カリオペ、テルプシコラ、ポリュヒュムニア、メルポメネ

ティタン神族と2番手の神々

オリュンポス山の12神は、VIP的な神々で、地、海、冥界を支配。一方で、彼らに引きずり降ろされた前世代のティタン神族は、2番手の神の座に甘んじています。ティタン神族はかつて、大空と大地の子であり、順風満帆そのものでした。最初の神クロノス (P54) は、他者の反逆を恐れ、自身の子供でさえ生まれるとすぐに飲みこむほど警戒心が強かったにもかかわらず、ゼウス (P12) を見逃してしまったことが致命的でした。この章では、12神を取り巻く、一応特別視されていた、いわば中途半端なVIP待遇の男神や女神を紹介します。

エロス

クピド／キューピッド

愛と創造性の神

エロスは金の矢を放ち、神々や人間の心に欲望の炎を灯しました。

トゥードゥーズ《エロスとアプロディテ》1872年、レンヌ美術館（フランス、レンヌ）：愛は盲目。目隠しをされたエロスがアプロディテを導いています。2人とも貝殻の上に乗り（アプロディテの誕生を連想させる）、青い蝶の群れに運ばれているかのような、宙に浮いたポーズです。

いたずら好きな弓の名手

エロスは美の女神アプロディテ（P20）と軍神アレス（P30）の息子。用心深いゼウス（P12）は、この子は大変な災いを引き起こすだろうと予感し、生まれたばかりのエロスを捨てるようアプロディテに命じました。けれどもアプロディテは命令に従わず、ゼウスの気が変わるまで森の中に隠しておくことにしました。幼いエロスは自分で作った矢を放ち、退屈を紛らわせているうちに腕をあげ、オリュンポスに戻れるようになった頃には、すっかり弓の名手になっていました。いたずら好きで、神々の武器を盗むのが大好き。父アレスも盗まれてしまいました。そう、愛は争いを防ぐのです（#戦争をやめて愛しあおう）。

子供？　青年？

アプロディテは小さなエロスのことが心配でなりませんでした。と言っても、しつけとか教育のことではありません。何しろやんちゃなエロスは、目隠しをして（愛は盲目と言いますから）適当に金の矢を放って神や人を愛の虜にしたり、恋心をたきつける松明を持ち歩いて遊びまわっていたのですから（#放火魔）。アプロディテの心配は、エロスが大きくならないことでした。そこで正義を司る女神に相談したところ、兄弟ができれば背が伸びるだろうと言われます。アプロディテが、両想いの神アンテロスを産むと、助言通りようやくエロスの背も伸びました。いろいろな象徴がつめこまれたエピソードです。

#危険な遊び
（決してまねをしないように）

恋するエロス

青年に成長したエロスが恋に落ちた相手は、ただものではありません。母アプロディテからいろいろと頼まれ事をしていた中で、思わぬ方向に導かれたのです。あるとき美の女神アプロディテは、類まれな美しさからまるで女神のように崇められていた王女プシュケに嫉妬し、プシュケがこの世で最低の男に恋するよう、プシュケに矢を射るようにエロスに命じます。母に言われた通りにしようとしたところ、あやまって自分を傷つけてしまい、恋に落ちてしまいました。人々に恋の炎をたきつけてきたエロスが、はじめて恋に悩まされることになったのです。

一緒に遊んで！

愛と心の結びつき

プシュケと恋に落ちたエロスは、彼女をさらって豪奢な宮殿に隠し、夜ごと闇にまぎれて彼女のもとを訪れました。プシュケも彼を愛しますが、エロスからは自分の正体を決して探らないようにと言われていました。しかし、どうしても知りたくなり、ある夜、明かりを灯して見ると、世にも美しい神が寝ているではありませんか。目を覚ましたエロスは怒って、彼女のもとを去ります。絶望したプシュケは、何とかエロスとよりを戻そうとあらゆる手をつくし、その結果、未練たっぷりのエロスも彼女を許して結婚しました。ゼウスが結婚のお祝いに贈ったのは、人間を神に変える食べものであるアンブロシアと繊細な蝶の羽根。エロスとプシュケ（プシュケには「心」の意味も）の間には女の子が生まれ、ヘドネ（「悦楽」、ウォルプタスとも）と名づけられました。

> ローマ名：クピド
> 語源：欲望
> 父：アレス
> 　　（P30。またはヘルメス〔P24〕）
> 母：アプロディテ（P20）
> 妻：王女プシュケ

カノヴァ《アモルの接吻でよみがえるプシュケ》1787～1793年、ルーヴル美術館（パリ）：アプロディテは、息子エロスの顔を見たプシュケに罰として様々な課題を与えます。プシュケは、その1つの課題のために昏睡してしまいますが、不憫に思ったエロスが駆け寄り、口づけして眠りから目覚めさせました（＃眠りの森の美女）。

エロスを探せ

エロティック

エロスは愛と欲望の神。彼の矢は欲望を引き起こし、射られた人間は所有欲にかられます。エロティシズムという語が、プラトニックラブではなく、性的な意味を持つのもそのためです。一方でクピド（エロス）には、「カップル成立にひと役買う者」というニュアンスもあります。

ギリシャ神話とローマ神話の違い

両想いの神で弟のアンテロスが生まれ、エロスは大人になりますが、ローマ神話ではこのエピソードはあまり重視されていません。エロスは、しばしば永遠のやんちゃ坊主として描かれます。一方、ギリシャ神話では逆で、青年として描かれます。

バレンタインデーのポストカード

カラヴァッジオ《愛の勝利》1602年、ベルリン美術館（ベルリン）：黒い翼は珍しく、愛の欲深さや残酷さを表しているのでしょうか。

バレンタインデー

バレンタインデーこそ、エロスの独壇場です。古代ギリシャの都市テスピアイの人々は、エロスを深く敬愛し、5年ごとに「恋人の日」を意味する「エロティディア」という祭を開いていたと言います。もともとエロスは、男性同士の愛の神だったので、エロティディアでは、立会人の前で若い男性に（花束ではなく）雄鶏を贈ったあとに連れさって、恋人にしていました。

バレンタインデーのマストグッズ

✓ 赤いバラ

リキュール入りチョコ

雄鶏

✓

✓ エッフェル塔のキュートなキーホルダー

ペルセポネ

プロセルピナ／プラサーパイン

冥界の女王、春の回帰

デメテル（P36）の娘ペルセポネは、麗しの処女。
しかし、叔父ハデス（P32）に連れ去られ、結婚させられることに。
冥界の女王となりますが、1年の半分を過ごしに地上に戻ってきます（#バカンス）。

水仙、悪の花

ゼウス（P12）とデメテルの娘、ペルセポネは清らかな美女。人目を避けてシチリア島でおつきの女性たちと暮らしていましたが、ある日、冥界の神ハデスにさらわれてしまいます。花を摘みに出かけ、水仙に近づいて触ろうとした途端、大地が揺れて2つに裂け、地底からハデスが現れました。闇夜のような黒い馬に引かれた金の馬車に乗ったハデスが、泣き叫ぶペルセポネを捕まえて地中に戻ると、裂け目は閉じたと言います。

冥界の入口

夫は母と父の兄弟（#最悪）

哀れなペルセポネは、死者の住む冥界などに住むつもりはなく、ましてや陰鬱な叔父ハデスとの結婚など考えただけで身震いし、しくしくと泣き続けました。一方、母である農業と収穫の女神デメテルは、娘を探して歩きまわり、絶望のあまり農作物が枯れ、人間たちは飢饉に苦しめられます。実弟のハデスが娘を誘拐したと知ってゼウスに直訴しますが、兄ともめ事を起こしたくないゼウスは困り果てました。

ゼウスの審判

デメテルのストライキで（#労働組合）人間たちが飢え死にするにおよび、ゼウスはとうとう譲歩します。ハデスにペルセポネを戻すよう命じたのです。しかしハデスは巧妙にも、ペルセポネにザクロの実を6粒食べさせていました。冥界のものを口にしたら、もはやもとには戻れません。さすがのゼウスもペルセポネの奪回をあきらめますが、1年のうち6か月は冥界で、6か月はデメテルのいる地上で過ごすことと定め、以来、デメテルはペルセポネが戻ってくるのを心待ちにし、ペルセポネの帰還と共に春がやってくるようになりました。

レイトン《ペルセポネの帰還》1891年、リーズ美術館（イギリス、リーズ）：伝令の杖ケリュケイオン（カドゥケウス）を手にしたヘルメス（P24）に連れられ、冥界から地上へ戻るペルセポネ。6か月も地下にいたので、太陽光が恋しい！

春闘！

ローマ名：プロセルピナ
愛称：コレー（若い娘）
父：ゼウス（P12）
母：デメテル（P36）
夫：ハデス（P32）

冥界のペルセポネ

不本意ながら冥界の女王になったペルセポネですが、意外にうまく適応しました（ただし、毎年6か月のパートタイムですが）。芸術作品では、ハデスの玉座の横にすわり、松明やケシの花と描かれるのが一般的です。ケシは催眠効果があり、1年の一定期間、自然が眠りにつく現象を象徴しています。ペルセポネは、夫ハデスに劣らず、なかなか厳格で頑固だったとか。

ノメ《冥界の風景》（部分）、1622年、ブザンソン美術館（フランス、ブザンソン）

ベルニーニの傑作

《プロセルピナ（ペルセポネ）の略奪》は、ベルニーニが弱冠23歳の時の作品。驚くほどリアルで、ペルセポネの柔らかな肌に食いこむハデスの指が見事です。ハデスの巻きひげがペルセポネの手に押される様子はごく自然で、手を離したらもとの位置に戻るのではと思われるほど。まさに傑作中の傑作です。

ベルニーニ《プロセルピナの略奪》1622年、ボルゲーゼ美術館（ローマ）

アンディー＆ラリー・ウォシャウスキー監督の『マトリックス リローデッド』（2003年）において、モニカ・ベルッチ演じるパーセフォニーはクラブ・ヘルの女王。ギリシャ神話へのオマージュのような設定。

マトリックス

映画『マトリックス リローデッド』のパーセフォニーは、メロビンジアンの妻。メロビンジアンは、失われた魂を見張るハデス的存在で、クラブ・ヘルに君臨していました。不幸な結婚生活を送るパーセフォニーは、地獄の女王の役割にうんざり。そこでネオとのキスを交換条件として、キー・メーカーを解放しました。

冥界の地図

古代において「冥界」とは、いわゆる地獄（右の地図で2つの壁と炎に囲まれたタルタロス）と天国の2つからなります。天国は、地図でいうと、キュクロプス（P13）の壁の後ろに位置するエリュシオンの園で、英雄や徳の高い人々のための場所でした。彼らは死後、ここで永遠の休息を享受することができるのです。ペルセポネとハデスの支配する冥界に行くには、渡し守カロン（P124）にお金を払い、アケロン川を渡らねばならず、払えない者は100年待たねばなりませんでした（とは言え、時間だけはたっぷりある死者たちにとっては、たいしたことではないのかも。#慌てない、慌てない）。

冥界入口
ようこそ
忘却の川
夢の出口
生まれ変わる魂の出口
象牙の門
角の門
キュクロプスの壁
タルタロス
鉄の塔
鋼の柱
エリュシオンの園
カロン
ハデスとペルセポネの宮殿
戦さで亡くなった兵士たち
ケルベロス（P124）
死に処された無実の人々
自殺者たち
アケロン川
夭折した赤子たち
嘆きの園
ステュクス川

アスクレピオス

アエスクラピウス／エスキュレイピアス

偉大なる医学の神

親切な医学の神。
死者をよみがえらせたかどで、ゼウス（P12）の雷に打たれ、苦しみながら死にます。
しかし、幸運にも蛇として生まれ変わり、神に格上げされました。

《医学の神アスクレピオス》2世紀、エルミタージュ美術館（ロシア、サンクトペテルブルク）：アスクレピオス
は、「ゼウスの雷」に打たれ絶命したのち、蛇に生まれ変わりました。蛇はアスクレピオスのシンボルです。

火葬台で生まれる

アスクレピオスの母は、テッサリアのラピテス族の王女アイグラ。その美貌から、美しい白鳥を意味するコロニスと呼ばれていました。アポロン（P22）に愛されましたが、妊娠中に人間と不貞を働きます。アポロンお気に入りの鳥ハシボソガラスが、コロニスの浮気を告げ口し、怒ったアポロンは矢で愛人の命を奪います。しかし、火葬場で彼女が妊娠していることに気づき、おなかから赤ん坊を取り出し、炎から救いました。

ケイロンに育てられる

アポロンは、怒りに身を任せてコロニスを殺してしまったことを悔やみ、アスクレピオスに妊婦とお産を守る役目を託して医学の神とすることにしました。そこでケンタウロス族の中で誰よりも尊敬を集める賢人、ケイロン（P123）のもとへ送り、教育を任せました。

医師免許

発行元：

「ゼウスの雷」に打たれる

ある日、アテナ（P18）はアスクレピオスにメドゥサ（P132）の血の入った2本の瓶を渡します。1本には人を殺し、もう1本には死者をよみがえらせる力がありました。アスクレピオスは、死者をよみがえらせる血を使い、テセウス（P84）の息子のヒッポリュトスなど、英雄や人間を救いましたが、ゼウスが殺した2人の英雄の命も救ったため、ゼウスの怒りを買い、雷（P13）に打たれて命を落としてしまいます。けれども、「災い転じて福となる」の言葉通り、蛇に生まれ変わってへび座となり、人間から神に格上げされました。

選ぶのよ、ネオ！
じゃなくて
アスクレピオス

聖なる蛇とローマのペスト

かつてアスクレピオスに捧げられた神殿では、無毒の蛇が放し飼いにされていて、治癒を願う人々が祈りにやってきていました。紀元前291年、ローマをペストの猛威が襲うと、アスクレピオスがまつられている聖域エピダウロスへ使者が送られました。彼らが神殿に入ると、アスクレピオスの聖なる蛇が歩き出し、彼らの船へ。蛇たちがローマまでやってくると、病禍はすぐに収まったと言います。

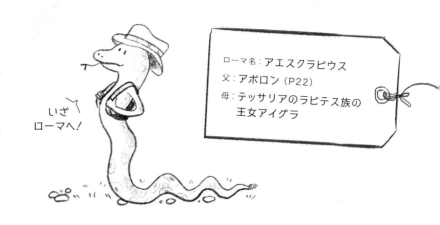

いざ
ローマへ！

ローマ名：アエスクラピウス
父：アポロン（P22）
母：テッサリアのラピテス族の
　　王女アイグラ

アスクレピオスを探せ

エピダウロスの劇場

最も有名なアスクレピオス神殿は、エピダウロスにあります。この神殿では、こもり治療〔こもって夢のお告げを待つ〕が行われていて、ギリシャ各地からアスクレピオス（と医師）の治療を求めて人々がやってきました。現代のエピダウロスで有名なのは劇場です。数多くの劇場のモデルともなった建築物で、アスクレピオスを記念した演劇祭が開催されていました。

アテナイ

エピダウロス
劇場

ギリシャのエピダウロス劇場

シンボル

蛇が巻きつくアスクレピオスの杖は、多くの医療団体のロゴに使われています。なかでも有名なのはWHO（世界保健機関）のロゴ。ただし、2匹の蛇が巻きついているヘルメス（P24）の杖や、娘のヒュギエイア（英語の「ハイジーン〔衛生、清潔〕」の語源）の蛇が巻きつく盃と似ているので要注意。

Organisation
mondiale de la Santé

WHOのロゴ

こもり治療（インキュベーション）

アスクレピオスが医学にもたらした言葉に、「インキュベーション」があります。現代では「孵化(ふか)」を意味しますが、古代ギリシャでは「夢治療」を指していました。病人が、アスクレピオス神殿で動物の皮の上に横になって眠り、夢にアスクレピオスが現れ、病んでいる部分を触ってくれれば、治ると信じられていました。夢のような話です。

ああ〜、
体中が痛い

#おいでよ
#シャンパンで乾杯
#バリー・ホワイトを1曲

イリス

イリス／アイリス

オリュンポスの神々の言葉を伝える虹の女神

虹のように美しくみずみずしいイリスは、神々（特にヘラ〔P16〕）の伝言役。
ヘルメス（P24）のような女神ですが、プラスアルファとして彼女の通ったあとには美しい虹が残るため、
人間たちはイリスの通過を知ることができたと言います。

ゴッホ《アイリス》1889年、J・ポール・ゲティ美術館（ロサンゼルス）

模範的な働き者

イリスはとても感じのよい女神で、信じられないことに、あの気難し屋の女王ヘラからも好かれていました。女王から女神たちへの伝言役兼相談相手だったイリスは、ヘラの沐浴の準備をしたり、身支度を手伝ったりもしていました。とてもまじめで、昼も夜もヘラの玉座近くで待機し、いつでもメッセージを伝えに出発できるよう、眠りこむことはおろか、帯やサンダルを緩めることもありませんでした。模範的な働き者です！

今月の模範社員

心優しい女神の足跡

イリスのすごいところは、ヘラに好かれていたことだけではありません（ヘルメスは、ヘラに好かれることは決してありませんでした）。困った人に機転を利かせて助けの手を快く差し伸べるなど、誰からも愛されていたのです。例えば、アキレウス（P100）が従兄弟のパトロクロスを火葬するのに火が足りないと嘆いたときには、西風のゼピュロスに風を頼みました。彼女が通ったあとには、その翼と同じ色をした美しい虹がかかり、空と地をつないだと言います。

イリスの盃

壺と一緒に描かれることが多いイリス。神々に口論が起こって裁定するときには、ゼウス（P12）の命令でイリスが冥界へ走り、金の盃でステュクス川〔この世とあの世を分ける川〕の水を汲んで戻ってきます。それをかけながら「ステュクス川に誓う」と宣誓すれば、絶対にその誓いは破れません。イリスはヘラを香水で清めることもありました。ヘラから命じられれば、理不尽な復讐も辞さず、シチリアではアイネアス（P112）の船を燃やしました。しかし、まれに命令に従わないこともあり、ゼウスがレト（P22）を妊娠させると、レトがアポロン（P22）とアルテミス（P26）を産むのを助けたりもしました。

神々の香水

まね？

イリスは、ヘルメスと同じく神々の伝言役。2人ともシンボルは翼のついた杖で、すぐにそれとわかります。しかし、ヘルメスの杖はアポロンからもらったものですが、イリスの杖の由来はわかっていません。もしかしたら、こちらもヘルメスと同様に少し盗癖があったのかも……。

まねしたな！〉
〈そっちこそ！
まねしたな！〉
〈そっちこそ！

ローマ名：イリス
語源：虹
愛称：すべての永遠なる神々の
　　　伝言役
父：タウマス（海神ポントスと大地の
　　神ガイアの息子）
母：オケアニスのエレクトラ

イリスを探せ

目

目の虹彩（イリス）のパターンは唯一無二で、同じ人間でも左右で違います。虹彩パターンを決めるのは、遺伝子だけでなく、後天的な要素もあり、一卵性双生児でもパターンは異なっています。生体認証に広く採用されるのはそのためです。虹の女神の名を冠しているのは、目の色の繊細なニュアンスに由来しているのでしょうか。

花

紫色の美しい花アヤメ。欧米ではアイリスと呼ばれ、イリスを語源としています。紫色のアヤメに、なぜ虹の女神の名がついたのでしょう。実際のところ、すべてのアヤメが紫色というわけではなく、色のレパートリーはかなり多様。さらに、フランス王家を象徴する百合が、実はアヤメであることはあまり知られていません。王家の象徴「フルール・ド・リス（百合の花）」は、正しくはイリス（アヤメ）です。

SOSイリス

イリスはあらゆる神に仕えて、神々がオリュンポス山に戦車で戻ってくると、馬を外し、神々に食べものを供していました。トロイア戦争でアプロディテ（P20）がアルゴス王ディオメデスにけがを負わされたときも、イリスが戦場から助け出し、アレス（P30）の戦車に乗せて馬を操りました（#レスキュー）。

ゲラン《モルフェウスとイリス》1811年、エルミタージュ美術館（ロシア、サンクトペテルブルク）：予知夢に悩まされる神モルフェウスの夢に、神々の伝言役イリスが出現。エロス（P44）もいることから、神からの伝言はエロティックな内容だったことがうかがえます。

プロメテウス

プロメテウス／プロメテウス

火を盗んだティタン神族

ティタン神族の中で、最も好感度が高いのがプロメテウス。「思慮深い」を意味するその名からも、感じのよさが伝わってきます。人間に親切で、神々に対して常に人間を擁護していました。人間に火、すなわち文明をもたらしたのもプロメテウスです。そのため、知を目指す反抗者の象徴でもあります。

マンシップ《プロメテウス》1934年、ロックフェラー・センター（ニューヨーク）：後ろの花崗岩の壁には、アイスキュロスの「あらゆる技術の神プロメテウスは火をもたらした。人類にとって最良の贈り物」という言葉が刻まれています。確かに！

両親は同じでもできが違う

ゼウス（P12）は粘土と火を使って生物を作ろうと考え、プロメテウスの弟でティタン神族のエピメテウスにそれぞれの生物に1つの能力を与えるよう命じました。けれども、これは致命的なミスでした。プロメテウスとは違い、エピメテウスはひどく愚鈍だったのです。それは名前からしても明らか。エピメテウスは「後から考える者」を意味するのですから（「エピ」は「遅すぎる」の意。プロメテウスの「プロ」は「事前に」の意）。

オリュンポスの火

ゼウスに指名されたエピメテウスは大張り切りで、早速それぞれの生物に能力を与えました。飛ぶ技術や水中で呼吸する能力、怪力、敏捷さ、かぎ爪……。しかし、最後の生物、人間の番になったときには、もう与える能力が残っていませんでした。プロメテウスは、弟の尻ぬぐいのために、神々からオリュンポスの火と知識を盗むことにしました。火と知識で技術を発達させれば、肉体的弱点を補えるからです。神をも恐れぬ行為にゼウスが激怒したことは言うまでもありません。

捧げものに隠された策略

プロメテウスはゼウスの怒りを鎮めようと、人間が動物を捧げるようになれば、神々にとっても損ではないと説明します。そこで、神々と人間の取り分を決めることになり、機転の利くプロメテウスは、牡牛をゼウスへのいけにえにし、2つに分けました。1つはおいしそうな匂いのする脂に包まれた骨、もう1つはいかにも汚らしい皮に包まれた肉。ゼウスはプロメテウスの思惑通り、骨の方を選びました。以降、人間がおいしい肉にありつける一方で、神々は匂いだけで我慢しなければならなくなりました。

ローマ名：プロメテウス

語源：思慮深い者

父：ティタン神族イアペトス（天空の神ウラノスと大地の神ガイアの息子）

母：クリュメネ（ティタン神族オケアノスの娘）

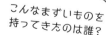

こんなまずいものを持ってきたのは誰？

プロメテウスの罰

数々のプロメテウスの行いに堪忍袋の緒が切れたゼウスは、厳罰をくだすことにしました。コーカサスの山に鎖で永遠につながれ、毎日、鷲に肝臓を食べられるというものです。肝臓は夜のうちにもとに戻るので、翌日も同じ苦しみが待っています。あるとき、12の試練に取り組んでいる最中のヘラクレス（P70）が通りかかり（P71）、不憫に思ってその鎖を砕きました。プロメテウスは、その輪の1つにコーカサスの石をつけ、指輪としてはめておくことにしました。そうすれば、ゼウスから罰を逃れていると責められることがありません。何とも知恵のまわる神です。

プロメテウスお手製の
リングチェーン

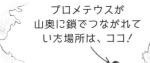

コーカサス
プロメテウスが
山奥に鎖でつながれて
いた場所は、ココ！

アッセレート《プロメテウスの責め苦》17世紀、シャルトリューズ美術館（フランス、ドゥエ）

プロメテウスを探せ

大理石の叫び

鷲に肝臓を食べられるというプロメテウスの果てしない苦しみは、多くの芸術作品のモチーフとなり、特に絵画の分野ではルーベンスのような恐ろしげな作品や、モローのようなストイックな作品が生まれました。しかし、ルーヴル美術館収蔵のアダムの作品は別格です。まるで大理石が生きているかのようで、今にもプロメテウスの叫びが響き、鷲の翼が羽ばたきそうな錯覚を起こします。……30年後にヘラクレスが来てくれてよかった！

プラトンから
フランケンシュタインまで

プロメテウスをめぐる神話は隠喩に満ちていて、知を目指す反逆者、人間に知恵を授けるために我が身を犠牲にした英雄

アダム《鎖に繋がれたプロメテウス》1762年、ルーヴル美術館（パリ）：大理石の作品は、まるで生きているかのようです。

として語り継がれています。プラトンの『プロタゴラス』（副題『ソフィストたち』）では、神に近づこうとする人間を助ける中心的人物として描かれています。メアリー・シェリーの『フランケンシュタイン』にも、『現代のプロメテウス』という副題がついています。

捨て身の努力

人間を神の地位にまで高めようとする試みは、絶対権力を保持し、人間を下等な立場にとめおこうとする神々への挑戦でもあります。この試みは肯定的に捉えることも（自己超越、進歩）、否定的に捉えることも（『旧約聖書』のアダムとエヴァの物語）できます。しかし「プロメテウス的な」という言葉は、むしろ「多大な努力をいとわず自由を目指す」という肯定的なニュアンスを含んでいます。

クロノス

サトゥルヌス／サターン

世界を最初に統治したティタン神族

ローマ人からサトゥルヌスと呼ばれたクロノスは、世にも恐ろしい神。父を引きずり降ろし、
男性生殖器を切り取る一方、自分の地位を守るため、実の子供たちを飲みこんでいたのです。
飲みこまれた子たちは、のちにオリュンポス12神となります。

ルーベンス《我が子を食らうサトゥルヌス》1636〜1638年、プラド美術館（マドリード）：このおぞましい絵は、伝説とはやや食い違っています。サトゥルヌス（クロノス）は、この絵のように子供たちをかみ砕いていたのではなく、丸飲みしていました。それゆえ、吐き出された子供たちは無傷でした。

母との結託

クロノスの母は大地の神ガイア。彼女は天空の神で夫でもあるウラノスにうんざりしていました。ガイアのおなかに子供たちを閉じこめた上、毎晩のように無理やり交わってきたのですから当然です（＃愛しすぎるパパ）。ガイアは末っ子のクロノスに大鎌を渡し、兄弟と協力してウラノスの男性生殖器を切除してほしいと頼みました。クロノスは実行し、ウラノスは痛みにうめきながら、大地から遠くへと蹴落とされ、子供たちはガイアのおなかから解放されました（＃パパは行方不明）。

世紀の離婚劇

古代の人食い鬼

父親を蹴落としたクロノスは王の地位に就き、兄弟たちと世を治めました。ウラノスは息子たちを深く恨み、彼らを呪って「ティタン」と呼びました。これは「（父の男性生殖器を）切り取った者」を意味します。そしてクロノスに、「お前もいつか子供の1人に引きずり降ろされて痛い目に遭う」と警告しました。クロノスは疑り深い性格です。今度は彼自身が、子供たちを飲みこみはじめました。何と壮絶な！　妻（そして姉）のレアは、5人の子が飲みこまれるのを見ているしかありませんでした。

「世界のへそ」

ゼウス（P12）を産んだレアは、もう夫に子供を飲みこませないと決め、ゼウスの代わりに石を産着に包みました。クロノスは何の疑問も抱かずにそれを飲みこみ、ゼウスは人知れず育てられます。成長して思慮の女神メティスと結婚したゼウスは、父に吐剤を飲ませ、兄弟全員を吐き出させました。兄弟は全員無事。ゼウスだと思って飲みこんだ石も出てきて、ギリシャ人はこれを「世界のへそ」としてデルポイに保管していたと言います。ゼウスは父から王座を奪い、2人の兄と共に世を治めました（P13）。

カムフラージュレベル0

黄金時代

王座を追われたクロノス（サトゥルヌス）は、2つの顔を持つヤヌス（P10）のもとに身を寄せました。ヤヌスは、クロノスを実の子を飲みこんでいたにもかかわらず、高く評価していました。確かにクロノスの統治時代、社会は黄金時代を迎え、誰もが協調し完全な平等を享受していたのは事実です。ヤヌスは、幸せな時代を懐かしみ、サトゥルヌス祭を考えつきました。毎年12月16日に開かれ、このときばかりはすべての作業がとまり、奴隷も主人も分け隔てなく楽しみました。

#いつか親友

ローマ名：サトゥルヌス
特徴：飲みこむ者
愛称：腹黒い神
父：ウラノス（天空の神）
母：ガイア（大地の神）

クロノスを探せ

ゴヤの傑作

クロノスを題材にした最も有名な（そして最も残酷な）作品は、マドリードのプラド美術館にあります。ゴヤが描き出したおぞましい巨人です。頭のない体を持って腕を食べていて、見るだけで恐ろしく、食欲も減退します。同じくプラド美術館収蔵のルーベンスの作品（P54）は、ゴヤの作品ほど有名ではありませんが、残酷さでは負けず劣らずで、年老いたクロノスが泣き叫ぶ子供の肉をむさぼっています。どれも残酷なクロノス像を如実に描いていてグロテスク！

ゴヤ《我が子を食らうサトゥルヌス》1820〜1823年、プラド美術館（マドリード）：見境なく子を食べるクロノス。

サトゥルヌスカクテル

クロノス・オン・アイス

サトゥルヌス祭

心を鉛色に染めるようなクロノスの暗いイメージは、ローマ人の描く神とは遠く隔たっています。ローマのクロノス（サトゥルヌス）は長い間まどろみ、冬至が来ると人間たちに起こされます。普段、神像は足が紐で縛られていますが、祭のときは解かれ、祝祭と春の再生を表します。サトゥルヌス祭は、現在のクリスマスの時期にあたります。ちなみに、鉛中毒を欧米ではサトゥルヌスならぬ「サトゥルニズム」と呼びます。

宇宙と占星術

ゴヤやルーベンスの作品の影響もあるのでしょうが、「サトゥルヌス」という名を聞いただけで身震いする人も少なくありません。氷の輪を持つ不吉この上ない土星にその名がつけられたのも無理はないでしょう。占星術でも土星は凶兆とされ、詩人ヴェルレーヌも土星の力を恐れて、哀愁を帯びた詩を捧げています。

バジール《ポール・ヴェルレーヌの肖像》1868年、ダラス美術館（アメリカ、ダラス）：この肖像画が描かれる2年前に、ヴェルレーヌは初の詩集『サテュルニアン詩集』を発表。「サチュルニアン」とは、「神経衰弱」を意味します。

アトラス

アトラス／アトラス

天空を支えるティタン神族

ティタン神族の中でも最も知名度の高い1人であるアトラスは、ジブラルタル海峡のあたりで
天空を肩に背負う力持ち。悪賢さでは、ヘラクレス（P70）には劣りますが……。

ローリー《アトラス》1936年、ロックフェラー・センター（ニューヨーク）：高さ14mものアトラスは天球儀を支え、その環は北極星の位置を示しています。20世紀に最も影響をおよぼしたアメリカ文学の1つ、ランドの『肩をすくめるアトラス』のヒントにもなった作品です。ランドの作品は、ある種の自己中心主義を提唱しています。

ローマ名：アトラス

特徴：支える者

愛称：家のかまど

父：ティタン神族イアペトス（天空の神ウラノスと大地の神ガイアの息子）

母：クリュメネ（ティタン神族オケアノスの娘）

ティタノマキア

大地の神ガイアと天空の神ウラノスからは、ティタン神族12神（男女それぞれ6人）が生まれました。アトラスはそのうちの息子の1人で、ゼウス（P12）は従兄弟、ゼウスの父クロノス（P54）は叔父にあたります。ゼウスとその兄弟がクロノスの転覆をたくらんだときには、アトラスは叔父クロノスの側につきました。ティタン神族対オリュンポス12神の戦いは、「ティタノマキア」と呼ばれますが、アトラスにとっては残念なことに、ティタン神族は敗北し、ゼウスはアトラスに罰として永遠に天空を背負うよう命じました。「わかっていれば、こんなことにはならなかったのに」とアトラスが思ったかどうかは不明です。

これってずっと持ってなきゃダメ？

嘘つき

ヘラクレスは、12の試練を与えられ、アトラスの娘たちの園ヘスペリデスに実る黄金のリンゴを取ってこなければなりませんでした（P74）。アトラスはヘラクレスに、天空を少しの間背負っていてくれたらリンゴを取ってきてあげようと持ちかけます。信じやすいヘラクレスが代わってやった途端、アトラスは「約束なんか守るつもりはない」と言い捨て、わざわざあざけるように目の前でリンゴをもいだのでした（#卑怯！）。

悪知恵には悪知恵を

アトラスにあざむかれたヘラクレスは、あきらめたふりをして、「背負い方がよくないので、位置直しを手伝ってほしい」と頼みます。ヘラクレスに輪をかけて信じやすいアトラスが手を貸してやった瞬間、ヘラクレスは天空を彼の手に滑りこませ、アトラスが地面に置いておいた黄金のリンゴを奪い、その場を去りました。まさに、「最後に笑う者の笑いが最上」の言葉通りの展開です。

岩山に変えられたアトラス

メドゥサ（P132）を負かした英雄ペルセウス（P88）は、アトラスのいる地域を通りかかりました。またもやゼウスの息子に娘たちのリンゴを盗まれてしまうのではないかと案じたアトラスは、彼を乱暴に追い返そうとします。怒ったペルセウスはメドゥサの頭をアトラスに見せ、石にしてしまいました。このアトラスの巨像は、現代でも見ることができます。彼は山に変えられ、かつて見張っていたジブラルタル海峡近くにそびえています。

アトラスを探せ

地理

16世紀の地理学者ゲラルドゥス・メルカトル（地図の投影法メルカトル図法の発明者）の有名な地図帳には、「アトラス」の名がついています。史上初のアメリカを含む丸い地球地図であり、アメリカ大陸を「新大陸」と記したものです。「天空の支え手であるアトラスなら地球のこともよく知っているはず」ということで命名されました。以降、「アトラス」は、地図帳を指す語としても使われています。

建築における男像柱

柱などを支える女性像を思い浮かべてみてください。こうした女性像を女像柱（カリアティッド）、男性像を男像柱（アトランテス）と呼びます。アトラスのように重いものを支えている姿にちなみ、こうした名がついたことは言うまでもないでしょう。

脊柱（第一頸椎）

重いものを肩から降ろしたあと、首をまわしたことがあるでしょう。この部分の骨、第一頸椎はアトラスと呼ばれ、最も重い圧迫を受けとめています。そんなところにも、重いものを背負うアトラスが投影されているのです。

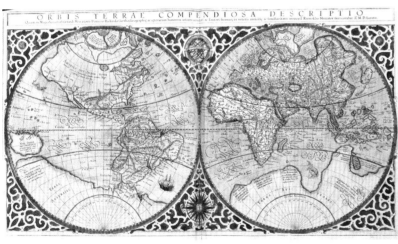

メルカトルの地図帳に掲載されている地図、1595年：この地図帳の表紙の図版には、アトラスが描かれており、以降の地図帳は「アトラス」と呼ばれるようになりました。

黄金のリンゴ

黄金のリンゴが本当に光り輝いていたかと言うと、かなりあやしく、さらにはリンゴではなく、オレンジのことではないかと考えられてもいます。オレンジは、地中海西岸に生息し、その色合いはギリシャ人を魅了しました。ちなみに「ヘスペリデス」という種類のオレンジもあります。一方で、マルメロではないかと考える専門家もいて、事実ゴールデンアップルという名のマルメロ種もあります（#競合）。

ティタン神族と2番手の神々　　57

ムーサ

ムーサ/ミューズ

９つの芸術の女神

不死の美しい処女ムーサたちは、よく輪になって踊る姿で描かれます。
現代では、ムーサ（ミューズ）と言えば、アーティストにインスピレーションを吹きこむ存在です。
事実、この９人の姉妹は、至高の才能や能力のシンボルであり、
人間にそうした才能を吹きこんでいました。

ド・フォス《アポロンとミューズ》16世紀、ベルギー王立美術館（ブリュッセル）：当時の女性の服装については、時代考証ほぼゼロ（アポロンだけは神話らしい服装）。各ムーサの役割についての把握もかなりあやしいものです。要復習！

起源

ゼウス（P12）とムネモシュネが、９晩愛しあって生まれた９人の姉妹がムーサ。ムネモシュネは記憶の女神で、「メモリー」の語源でもあります。娘たちは、常に芸術の神アポロン（P22）と行動を共にしました。ヘリコン山やパルナッソス山に住み、人間に会うごとに才能を授けました。ムーサと出会うだけで大芸術家になれるのですから、彼女たちに会った人はラッキーです。

記憶の女神の娘たちを記憶しよう

ムーサのそれぞれの名前を覚えるだけでも大変！　しかも母が記憶の女神というのですから、皮肉なものです。なかには覚えやすいムーサもいますが……。

ウラニア：「天空」を意味し、天空の神ウラノスを連想させる名前。天文学を司るので、覚えるのも簡単。

クレイオ：「有名（セレブリティ）」の語源で（確かにフランスにも「クリオ」という有名な車あり！）、歴史すなわち記念され記録されるのにふさわしい出来事を司ります。フランス

大学出版局は「ヌーヴェル・クリオ」という歴史書シリーズを発行。

テルプシコラ：「快い（テルペオ）ダンス（コロス）」を意味し、もちろんダンスを司ります。

カリオペ：「美声」の名を持つ弁舌の女神で、ホメロスにインスピレーションを与えました。大変な美声を持つオルペウス（P80）の母。

ポリュヒュムニア：「いくつもの賛歌」を意

ローマ名：ムーサ
特徴：山（彼女たちの住んでいる場所）
父：ゼウス（P12）
母：ティタン神族ムネモシュネ（天空
　　の神ウラノスと大地の神ガイアの娘）

味し、雄弁を司ります。いくつもの話術を体得してこそ雄弁と言えるので、この名前にも納得！

タレイア：「生き生きとした、喜びに満ちた」を意味し、喜劇を司ります。パリとブリュッセルをつなぐ高速列車タリスも思い浮かびます。ベルギーと言えば、微妙なジョークで有名。

さあ、残る3人のムーサを覚えられれば、ムネモシュネも満足するはず。

エラト：哀歌の女神で、エロティックな詩も司っています。エラトは「エロティック」に近いので覚えやすい!?

エウテルペ：テルペは「快い」（テルプシコラの「快いダンス」と同じ）、エウは「とても」を意味し、音楽を司ります。確かに音楽は誰にとってもとても快いものです。

メルポメネ：悲劇の女神。でも「メルポ」は「歌う」を意味しているはず。実は古代初期の悲劇は（ディオニュソスへのオマージュとして〔P35〕）、叙情詩の形式でした。こうした歌はディテュランボスと呼ばれ、ここから派生したフランス語の「ディティランビック」という語は「賛歌を歌う者」を意味します。

アート

9人のムーサを表現した作品は数多くありますが、それぞれにシンボルがあるので見分けがつきます。例えば、喜劇用仮面はタレイアの、悲劇用仮面はメルポメネのものです。けれども、オルセー美術館収蔵のドニの作品は、似たようなシンボルを持っていたり、まったく持っていなかったりと、ひと筋縄ではいきません。

ミュージアム

「ミュージアム」という言葉は、芸術を司るムーサに捧げられた神殿や場所「ムセイオン」に由来します。ムーサをまつるムセイオン第1号は、エジプトのアレクサンドリア（かの有名なアレクサンドリア図書館）にありました。ムーサはインスピレーションを吹きこんでくれる存在で、「ミュージアム」も元来は詩人や知識人のための仕事場でした。

ドニ《ミューズたち》1893年、オルセー美術館（パリ）

モンパルナスタワーから撮影したパリのモンパルナス大通り。

モンパルナス

ムーサはパルナッソス山に住んでいました。パルナッソス、どこかで聞いた覚えがありませんか。1700年頃、パリ南部のがれきの丘は「モンパルナス（パルナッソス山）」と呼ばれていました。がれきとパルナッソス山はほど遠く、いかにも辛辣な皮肉です。19世紀には、「芸術のための芸術」をスローガンにする詩人たちが登場し、「高踏派（パスナッソス派）」と称するようになりました。

では復習！　下の絵のどれがどのミューズか当ててみましょう。

(1) (2) (3) (4) (5) (6) (7) (8) (9)

CHAPTER 3

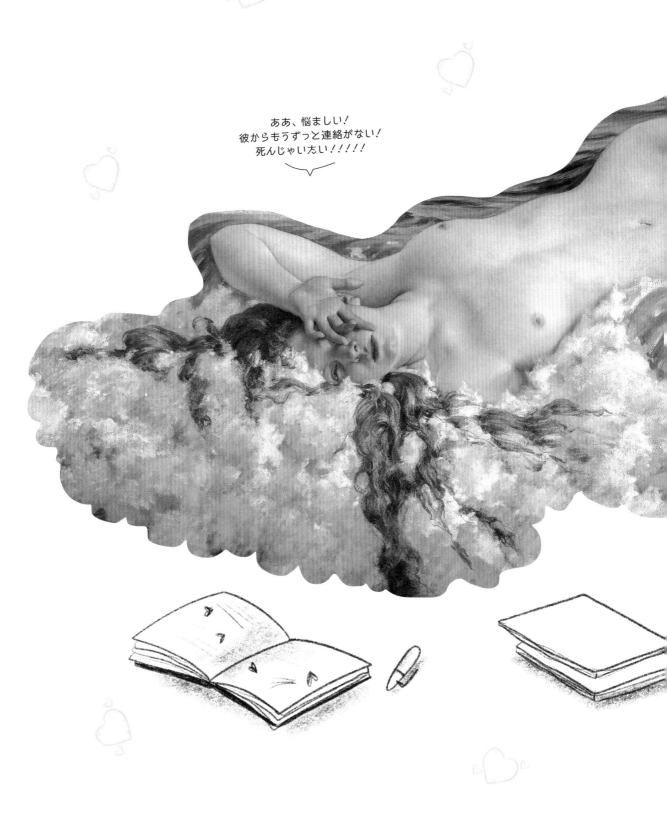

ああ、悩ましい！
彼からもうずっと連絡がない！
死んじゃいたい！！！！！

ヒレミ＝ヒルシュル《アプロディテ》（部分）1893年頃、ティベルモン・ギャラリー（パリ）

愛 さ れ た 者 た ち

ギリシャ神話には恋の話がたくさんあります。特にゼウス (P12) は、たくさんの人間の愛人を作ったため、どの話も結局は「不幸なことに、ゼウスはまた恋をした……」のパターンにつきると言われるほどです。しかし、ゼウスの子供たち、アポロン (P22) やアルテミス (P26) も負けてはいません。一方で、悲劇的で残酷な恋の話もあれば、ギリシャ神話を代表するような至高の物語もあります。例えば、ヨーロッパ大陸にゆかりあるエウロペ (P65) の話のように……。

ローマ名：ダナエ
父：アルゴス王アクリシオス
母：アルゴス王妃エウリュディケ
子：ペルセウス（P88）

ダナエ

ダナエ／ダナエ

英雄ペルセウスの母

アルゴス王女ダナエは、黄金の雨に身を変えたゼウス（P12）に誘惑され、ペルセウス（P88）を授かります。

ゴールデンファミリー

アルゴス王女ダナエは大変な美女。父王アクリシオスは、巫女から「汝は娘の息子に殺されるだろう」と予言され、ダナエを頑丈な扉のついた青銅の塔（あるいは地下室？）に閉じこめ、番犬に見張らせました。アクリシオスは予言を絶対に実現させまいと、娘を処女のままにしておくことに決めたのです。しかし、さすがにゼウスの色欲までには考えがおよばなかったのでしょう。ゼウスは彼女に目をつけ、黄金の雨に変身して忍びこみ、思いを遂げました。

閉じこめられて

アクリシオスは、用心していたのに娘が身ごもったと知り、激怒します。そして今度は、ダナエとその息子ペルセウスを木箱に厳重に閉じこめ、海に投げてしまいました。けれども、木箱はセリポス島に漂着し、母子は島の王の弟である漁師に助けられました。半神ペルセウスが成長したある日、セリポス王はダナエにひと目ぼれし、ペルセウスをゴルゴン退治という無茶な冒険へと旅立たせ、邪魔者を片づけてダナエと結婚しようとしました。

クリムト《ダナエ》1907～1908年、ギャラリー・ヴュルトレ（ウィーン）：「黄金は大好き。でもこれはあなたの考えているようなものではないのよ」

3、2、1、落ちてくる！

ジェンティレスキ《ダナエと黄金の雫》1621～1623年、J・ポール・ゲティ美術館（ロサンゼルス）

ダナエを探せ

金貨

ダナエを描いた絵画作品は、ヨーロッパ各地の美術館に散らばっています。クリムトの作品はとても官能的ですが、他に目を向ければとても残念な作品も……。例えばティツィアーノやジェンティレスキの古典的作品では、黄金の雨が金貨として描かれていて、まるで1、2、3で投げた金貨がダナエの顔を直撃しそうです。

最高に貞節な処女

ジェンティレスキとは異なり、聖母マリアの絵を得意とするホッサールトはいたずら心からか、無造作に足を広げて黄金の雨を受けとめるダナエ像を描いています。しかも貞淑ぶったダナエに、伝統的に聖母マリアが身につける青の長衣を着せていて大胆です（#ホッサールトは偽処女が好き）。

イオ

イオ／イオ

牝牛の美女

ヘラ（P16）の巫女イオ。けれどもゼウス（P12）の愛人でもあり、女主人を裏切っていました。
ゼウスは妻ヘラに見つからないように、イオを牝牛の姿に変えてしまいます。

軽やかな愛

アルゴスにあるヘラの神殿に仕えていたイオは、若く美しい巫女。そんな彼女に目をつけたゼウスは、例のごとく嫉妬深い妻ヘラに見つからないよう知恵を絞り、雲に姿を変えました。いつもながら鮮やかな手腕です。けれどもヘラは一枚上手で、天気がよいのにそこだけ雲がかかっているのはおかしいとあやしみ、近寄って雲をよけました。

牝牛の皮をかぶった可憐な花

晴天にかかる雲をよけたヘラが目にしたのは、1頭の美しい白い牝牛。ゼウスはしつこい妻の目から逃れようと、急いでイオを牝牛に変えたのです。それでもヘラはあやしみ、牝牛を見張ることにしました。すると、どうやら立派な牡牛が牝牛のもとによく通っているではありませんか。ヘラは、100の目を持つアルゴス・パノプテスに言いつけ、牡牛が牝牛に近づけないようにしました。

私はイオ
よりにもよって
牝牛にする？
ゼウス！

コレッジョ《ユピテルとイオ》1530年頃、美術史美術館（ウィーン）：雲の姿で描かれた幻想的なゼウス（ユピテル）。この作品は二重構造になっていて、一見、1人の女性を描いた絵のように見えますが、よく見ると愛人が彼女に接吻し愛撫しているのがわかります。

監視役が見張っている

100の目を持つアルゴス・パノプテスは、眠っているときも50の目が開いたまま。ゼウスは昼も夜も恋人に近づけず、困り果て、とうとう知恵者ヘルメス（P24）に、アルゴスを倒すよう命じました。ヘルメスはアルゴスにものすごく長い物語を聞かせ、笛を吹いて寝かしつけるのに成功し、100の目すべてが閉じられると、首を切り落としました。忠実なアルゴスが死に、悲しみに暮れるヘラは、その目をお気に入りの動物クジャクの羽につけました。以来、クジャクの羽にはたくさんの目がついています。

アブに刺される！

ヘラはイオに思い知らせてやろうと、イオを徹底的に刺すようアブに命じ、彼女のもとへ送り出しました。動転した牝牛のイオは、気の毒に、海や山や国々をさまよい逃げます。途中、コーカサスの山につながれたプロメテウス（P52）に会い、「いつかそなたはもとの姿を取り戻し、末裔は偉大な英雄（ヘラクレス〔P70〕）になり、我を解放することになるだろう」と告げられます。イオはエジプトにたどり着き、ゼウスの優しい愛撫を受けてようやくもとの姿に戻りました。

ローマ名：イオ
特徴：はるか遠くまで
父：イナコス川の神、アルゴス王
母：メリア

イオを探せ

バビロンのイシュタル門

イオは、エジプトではシリアの女神イシュタルと同一視されていました。エジプトやシリアが舞台の箇所からは、ギリシャとオリエントの間に交流があったことや、異国の神とギリシャの神が同一化していったことがうかがえます。

牝牛の通ったボスポラス海峡

アイスキュロスの『縛られたプロメテウス』によれば、イオニア海の語源はイオにあり、ボスポラス海峡（「牝牛の浅瀬」の意）の名も彼女がここを泳いでアジアへと渡ったことに由来するとか。エジプトに着いたイオは、ゼウスの子エパポスを産みました。エジプトではイオは女神イシスと、エパポスはアピスと同一視されています。国をまたいだ国際的な親子です。

ボスポラス海峡の海図

レダ
レダ／レダ

ヘレネとポリュデウケス、カストルとクリュタイムネストラの母

　人間のスパルタ王妃レダに恋したゼウス（P12）は、今度は白鳥に姿を変えて誘惑します。彼女は
ゼウスと夫との間に2組の双子を同時に身ごもったというのですから、繁殖力の強さがうかがえます。

白鳥の正体

沐浴中の美しいレダを見かけたゼウスは
すっかり虜になり（この浮気者！）、得意の変
身技を使って白鳥に姿を変え、鷲に追わ
れたふりをして彼女の気を引こうとしま
した。レダは気の毒に思い、白鳥を抱いた
途端、あっという間にゼウスに犯されてし
まいました。ゼウスはもとの姿に戻ること
なく、大急ぎで思いを遂げたそうです（＃
慌ただしい神）。鷲の正体はアプロディテ
（P20）で、ゼウスが頼みこんで協力して
もらったのです。

どう？ 幸せ？

フー

金の卵を産む雌鶏？

ゼウスと関係を持ったレダのおなかには
命が宿りました。しかし、スパルタ王テュ
ンダレオスの妻でもあり、同日の早い時
間に国王とも夫婦の務めを果たしていた
ため、同日、2人の子を身ごもることに。
レダは2個の卵を産み、それぞれの卵か
ら双子が生まれました。カストル（P82）
とクリュタイムネストラ、ポリュデウケス
（P82）と（トロイア戦争の発端となった）ヘレ
ネ（P93）です。ポリュデウケスは、ヘレネ
と共に半神として育てられましたが、半
分血のつながったカストルととても仲が
よかったため、不滅の命を1日おきにカス
トルと分けさせてほしいと願い出ました。

ダリ《レダ・アトミカ》1949年、ガラ＝サルバドール・ダリ財団（スペイン、フィゲラス）：レダに模して描かれ
たダリのミューズ、妻のガラ。「原子核神秘主義」時代の代表作。

ローマ名：レダ
父：アイトリア地方プレウロン王
　　テスティオス
母：エウリュテミス
夫：スパルタ王テュンダレオス

レダを探せ

レダ・アトミカ

フランスのシャワーブランド「レダ」のロゴ
には白鳥が描かれています。またダリは愛
する妻ガラを描いた有名な絵《レダ・アトミ
カ》について、「これは私たちの人生の鍵と
なる作品だ。すべては宙に浮いていて、触
れあっているものは1つとしてない。海さ
えも地上から浮いている」と述べています。

エウロペ

エウロペ／ヨーロッパ

ヨーロッパの母

ローマ名：エウロペ
特徴：落日
父：テュロス王アゲノール
夫：クレタ王アステリオス

ヨーロッパの語源となったエウロペ。ゼウス（P12）のあまたの愛人の中でも知名度の高い姫ですが、実はヨーロッパ人ではなくレバノン人。神話のおもしろさは、こうした点にもあります。

2つの大陸の夢

フェニキア（現レバノン）の美しい姫エウロペは、ある朝、目を覚まし、前夜見た不思議な夢を思い出しました。2つの大陸を表す2人の素敵な男性が出てきて、彼女をめぐって争います。エウロペはテュロス王アゲノールの娘。すなわち、アジア大陸中東の出身です。彼女は肩をすくめると、友達と花を摘もうと砂浜へ向かいました。

~~レッド~~ ホワイト・ブル

ゼウスは、雲に乗ってのんびりとシドンの町の上を通っていましたが、たまたまエウロペを目にし、恋に落ちました（#惚れっぽい性格）。すぐさま地上において彼女を誘惑しようと考えますが、理性の声が聞こえてきました。「妻のヘラ（P16）にバレたら大変なことになる」と。そこで、ゼウスは慎重に、額に銀の環をさげ、三日月の形をした角を持つ白い立派な牡牛に姿を変えることにしました。

牡牛

エウロペが花を摘んでいると、立派な牡牛が目に入りました。彼女は興味半分で首に花冠をかけてやりましたが、とても感じがよいので思わずその背にまたがり、友人たちについてくるように言いました。しかし、牡牛に化けたゼウスは、エウロペを乗せるとかけ足で連れ去りました。そして水に入り、ひたすら泳ぎ続け、海を渡ったのです。

ワッツ《エウロペ》（部分）1870〜1894年、ウォーカー・アート・ギャラリー（リバプール）

#カムフラージュ

いつも緑のプラタナス

牡牛姿のゼウスは、ようやくクレタ島に泳ぎ着き、ヘラに見られないよう葉が生い茂るプラタナスに身を隠し、もとの姿に戻りました。エウロペもゼウスに恋をし、ゼウスは逢瀬のときは冬でもプラタナスに葉が茂るようにしました。作戦は成功し、ヘラが気づかないまま、エウロペは3人の美しい子供を産みました。ゼウスと別れたあとは、クレタ王アステリオスと結婚しましたが、アステリオスは、3人の子供を実の子のように育て、そのうちの1人ミノスにクレタ王の座をゆずりました。ただし、ミノスと牡牛の相性はそれほどよくありませんでした（P152）。

レーニ《エウロペの略奪》（部分）1637〜1639年、トゥール美術館（フランス、トゥール）

エウロペを探せ

5ユーロ、10ユーロ、20ユーロ札

ヨーロッパに、文字通り豊かさをもたらすエウロペ。5、10、20ユーロ札を見てみると、ホログラムのところにエウロペの顔が印刷されています。ユーロ札に刻まれた唯一の人物がエウロペで、2013年以降のお札はエウロペシリーズと呼ばれています。エウロペ最高！ 特にお札が！

政治

エウロペの誘拐は、芸術作品でもたびたび取りあげられるテーマですが、政治色がつきまとう場合も。例えば、クレタ島はストラスブールのヨーロッパ議会にブロンズ像を寄贈しましたが、あまりの完成度の低さに、反ヨーロッパ共同体派に嘲笑されかねないほどでした。クレタ島もありがた迷惑な贈り物をくれたものです。

オリオン
オリオン／オライオン

驚異的力を持つ、ボイオティア出身の美貌の狩人

アルテミス（P26）が唯一愛した男性オリオンは、大変な美男で超一流の狩人でした。
人見知りの激しいアルテミスが惹かれるのも納得ですが、彼を愛した女性は他にもいました。

おしっこから生まれた

神話の中でも、オリオンの出生はとても奇妙。ヒュリア王である父ヒュリエウスは、ポセイドン（P14）の息子で年老いていましたが、顔の広い人物でした。ある日、夕食に父と叔父のゼウス（P12）、従兄弟のヘルメス（P24）を招きました。3人ともヒュリエウスに子供がいないのを気の毒がり、夕食のお礼にと、食べたばかりの牡牛の皮におしっこをかけ、ヒュリエウスに「9か月大地に埋めておくように」と渡しました。こうしてオリオンが生まれたのです。

パパ
ありがとう

グリーンジャイアントより大きい

土から自発的に生まれた「土着」のオリオンは、大変な巨体の持ち主で、「海の底にもぐっても肩は波から出ていた」「歩いていても頭は雲の上に出ていた」などと言われるほどでした。素手で港を作り、狩りでは並ぶ者がいないほどの腕前でもありました。キオス島の王女メロペと結婚したいと願い出ると、王から島の野獣たちを退治すれば結婚を許すと言われます。得意の狩りの腕で野獣たちを一掃しますが、キオス王は約束を守ろうとはしませんでした。

ローマ名：オリオン
特徴：尿（意外！）
父：ゼウス（P12）、ポセイドン（P14）、ヘルメス（P24）の尿
母：クトン（大地）から自分で生まれたオートクトン（土着人）

リード《オリオン》1975年、個人蔵

目をえぐられる

キオス王から屈辱を受け、酒に酔ったオリオンは王女メロペを自分のものにしました。怒った父王は、オリオンを泥酔させ、目をえぐり取りました。光を失ったオリオンは海に飛びこみ、レムノス島まで逃れると、予言に従ってキュクロプス（P13）の鍛冶場から子供を1人借り、肩に乗せて案内役にし、東を目指しました。そしてオリオンに恋をした暁の女神エオス（アウロラ）の癒しで視力を取り戻しました。

目が見えない？
キュクロプスから
子供を借りてこよう！

アルテミスに愛された
唯一の男性

普段は男性に見向きもしない狩りの女神アルテミスも、狩りの達人オリオンには心動かされました。アルテミスの弟アポロン（P22）は姉がのぼせているのに気を悪くし、オリオンの命を奪おうとサソリを送りこみ、オリオンは遠く海の果てまで逃げました。そしてアポロンは、アルテミスに、「海のかなたにわずかに見える黒い点を射てみろ」とけしかけました。アルテミスの放った矢はオリオンの頭に的中し、嘆き悲しんだアルテミスは彼とその猟犬シリウスを星座にしました。

オリオンを探せ

星座

誰もが知るオリオン座。夏、さそり座がのぼると、オリオン座は沈みます。この2つの星座は対極にあり、オリオンは、アポロンが放った刺客のサソリから永遠に逃げ続けているというわけです。

オリオン座

『ハリー・ポッター』の
シリウス・ブラック

『ハリー・ポッター』に出てくる恐ろしげな黒い犬は、ハリーの名づけ親。シリウスが変身するアニマガス（動物もどき）が犬という設定は、オリオンの猟犬がシリウスという名だったことを考えればうなずけます。その上、原作ではシリウスの父の名はオリオン。手のこんだ設定です。

ダプネ

ダプネ／ダフネ

月桂樹に姿を変えられたアルテミスの従者

ダプネはアポロン（P22）に愛されますが、エロス（P44）は決してこの恋を
成就させようとはしませんでした。月桂樹と共に悲しい結末を迎える物語のはじまりです。

女主人の弟に追いかけられて

ダプネはアルテミス（P26）の従者で、人間嫌いの女主人同様、結婚などしないと決めていました。けれども、アルテミスの弟アポロンは、ダプネの美しさにひと目ぼれします。当時、レウキッポスという男性がダプネに求婚しようと、女性に扮してダプネに近づいたのを見て嫉妬したアポロンは、「女狩人たちと泉で水浴びしてみよ」とけしかけ、彼を追いつめます。もちろんレウキッポスは拒否して正体が暴かれてしまい、怒った女狩人たちによって殺されてしまいました。

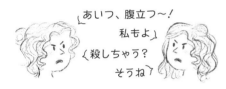

あいつ、腹立つ～！
私もよ
殺しちゃう？
そうね

金の矢と鉛の矢

エロスは弓争いでアポロンに負け、根に持っていました。そこで金の矢をアポロンに放ってダプネへの恋心を植えつける一方、ダプネには鉛の矢を放ち、アポロンにまったく関心のないように仕向けました。よって、アポロンがいくらしつこく追いかけても、ダプネは振り向いてもくれません。あるとき恋に狂ったアポロンは、ようやくダプネを捕まえますが、ダプネはゼウス（P12。あるいは父か母）に助けを求め、あっという間に月桂樹に変えられてしまいました（ギリシャ語で「ダプネ」は「月桂樹」の意）。自らの行いを恥じたアポロンは、その枝を1本とって竪琴と矢筒に飾り、月桂樹を自らの聖なる木と定めました。

ティエポロ《アポロンとダプネ》1743～1744年頃、ルーヴル美術館（パリ）：アポロンに捕まりそうになり、パニックにおちいるダプネ。ゼウスに頼んで月桂樹に姿を変えてもらい、アポロンの手を逃れました。アポロンがシンボルである月桂冠をかぶっている点に注目。本当ならこの出来事のあとに月桂冠をかぶるので、つじつまがあわないのです。

ダプネを探せ

月桂冠

アポロンはダプネを悼んで、月桂冠をかぶることにしました。そのためギリシャでは、アポロンに捧げられたピューティア大祭で勝利した詩人には月桂冠が与えられるのです。この伝統は、アレクサンドロス大王、さらにローマ人へと受け継がれ、あらゆる分野で勝者に月桂冠が贈られるように。「月桂冠＝勝者」というイメージは強く、ついにはローマ皇帝専用となりますが、中世には詩人や学者に贈られるようになり、「バカロレア」の語源になったとの説も（「バカ」はベリーのような漿果、「ロレア」は「月桂樹の葉に包まれた」の意。P35）。

ローマ名：ダプネ
特徴：月桂樹
父：河神ペネイオス
母：ニンフ〔自然界に現れる女性の精霊〕

アポロンは行ったから、もういいわよ、人間に戻してくれる？

CHAPTER 4

ドレイパー《オデュッセウスとセイレン》（部分）1909年頃、フェレンス美術館（イギリス、キングストン・アポン・ハル）：この作品にはちょっとしたまちがい
があります。ギリシャ神話のセイレン（P126）は鳥の姿のはずが、この絵では魚の尾がついているのです。つまり、ここで描かれているのは、北欧神
話の水の精（マーメイド）ということになります（P127）。船乗りたちは、彼女たちの美しい声を聞かないよう布で耳を覆っています。

壮 大 な る 叙 事 詩

ちょっと！ わかってる？
ミコノスまで乗せていって

ねえ、聞こえてる？

テレビのない古代ギリシャでは、夜になっても
テレビを囲んで団らんとはいきません。けれ
ども、古代ギリシャには叙事詩人たちがいました。
彼らは半神や英雄たちの壮大なる叙事詩を謳いあ
げる存在です。夜のとばりがおりると、楽器を持っ
て暖炉のまわりに集まり、記憶している幾多の有
名なテーマの中から物語を選び（例えばトロイア戦争
譚など）、謳って聞かせました。人々はヘラクレ
ス（P70）の12の試練の物語に耳を傾け、オ
デュッセウス（P104）の話の続きをねだり
ました。当時の人々にとってこうした
英雄たちは、現代のコミックに登
場するスーパーヒーローのよう
な存在だったのです。

ヘラクレス

ヘルクレス／ハーキュリーズ

古代に最も崇められた英雄

知名度も冒険の数もダントツトップの英雄。
英雄らしからぬ面も持ち、粗暴でいながらどこか憎めず、頭の回転も速い人物です。

英雄の孫

ヘラクレスがギリシャ神話の中で最も偉大な英雄と言われるのは偶然ではありません。父ゼウス（P12）は、人間たちに彼らを守るための半神を贈ろうと考え、母としてアルクメネを選びました。アルクメネは、父と母方の祖父が兄弟でペルセウス（P88）の息子であったことから、二重の意味でペルセウスの末裔だったからです。すでに結婚していましたが、ゼウスは夫のアンピトリオンに姿を変え、そっと彼女の寝床にもぐりこみました。そして太陽にろ日の間昇らぬようにと言いつけ、愛に満ちた長い夜を楽しみました。

ヘラの勝利

アルクメネの臨月が近づくにつれ、ゼウスはそわそわと待ち遠しい様子となり、生まれるペルセウスの子孫が、ミュケナイ王になると宣言しました。嫉妬にかられたヘラ（P16）は、アルクメネの出産を遅らせ、ペルセウスの別の末裔エウリュステウスを先に誕生させて王位に就けました。それでも怒りの収まらないヘラは、ヘラクレスの命を奪おうと、2匹の蛇を送り出しますが、赤子ながらにすでに怪力の持ち主であったヘラクレスにひねり殺されました。

ルーベンス《ネメアのライオンと戦うヘラクレス》1615年頃、個人蔵：「苦しい！ 放してくれ！」

英雄らしからぬ英雄

屈強な上に暴力的な若き日のヘラクレスについては、数々の武勇伝が残っています。例えば、竪琴で殴ってきた音楽教師を椅子で殴り返したり（まるで、ごろつき）、友人でありテーバイ王のクレオンから年貢を取り立てていたボイオティア王エルギノスの使者たちの鼻や耳を削いで首輪を作ったり。喜んだクレオンは、娘のメガラをヘラクレスに嫁がせ、ヘラクレスはエルギノスからかつて取り立てられていた年貢の2倍の額を取り立てました。

女性の方々、ぼくは独身で子供もいません！！

ヘラにおとしいれられて

ヘラクレスはテーバイ王クレオンの娘メガラに夢中になり、多くのかわいらしい子供を授かって、ようやく落ち着きました。しかし、ヘラの怒りは収まらず、執拗に追い続け、ついには彼を狂乱におとしいれました。そのためヘラクレスは子供たちを怪物だと思いこみ、かばおうとするメガラ共々殺してしまったのです。ゼウスの息子の名にも値しない人殺しとなり果て、打ちのめされ、（自分に代わって王位に就いた）従兄弟の王エウリュステウスに会いに行き、罪を清めてもらおうと考えます。ところが、ヘラクレスを憎むエウリュステウスは、10の不可能な試練を与え、「完璧に遂行せよ」と命じました。

ローマ名：ヘルクレス
語源：ヘラの栄光
愛称：マシスト（「最大かつ最強」）
父：ゼウス（P12）
母：ミュケナイ王女アルクメネ

ファッション
ウィークに
最高!

第1の試練：
ネメアのライオン

王エウリュステウスは、まず、ネメアの町のライオン退治を命じます。ライオンの皮は攻撃を受けてもびくともせず、どんな武器も炎も通じません。そこでヘラクレスは、何と素手でライオンを窒息させると、唯一皮を裂くことができるこのライオンのかぎ爪を使って胸当てを作り、その頭を兜（かぶと）にしました。エウリュステウスは、武装したヘラクレスを見てすっかり怯え、壺に逃げこみ、「今後の試練は使者を立てて伝える」と言い渡しました。

第2の試練：
レルネのヒュドラ退治

ヒュドラは多くの頭をもち、切られても次々と新しい頭が生えてくる水蛇で、底なし沼に住み、毒を含んだ息を吸った者は絶命すると言われていました。ヘラクレスは、アテナ（P18）の助けを借り、剣を灼熱の火で熱して、ヒュドラの頭が生えてこないよう切り口を焼灼しようと考えます。一方、ヘラは、戦いの最中にカニにヘラクレスを噛ませようとしますが、ヘラクレスはかかとで潰しました。そして、とうとう不死の頭を断ち切ると、巨岩の下に埋め（それでも息をしていていました）、毒血に矢を浸し、そのあとの戦いに備えたのでした。

切っても、
切っても、
出てくる
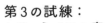

第3の試練：
ケリュネイアの魔の鹿の捕獲

卑怯なエウリュステウスは、アテナに助けてもらったのではヒュドラ退治は完了したことにならないと言い張り、代わりにケリュネイアの鹿を捕まえるように言い渡しました。青銅のひづめと金の角を持つ鹿は、矢よりも速く俊足な上、アルテミス（P26）に守られているので、命を奪うのは厳禁です。ヘラクレスは、1年かけて追いまわし、疲れさせてから捕まえました。アルテミスには、「鹿はあとから解放する」と約束しますが、エウリュステウスのもとへ連れて行くと、エウリュステスは自分のものにすることを宣言します。知恵者のヘラクレスは、エウリュステウスに渡す瞬間に、何食わぬ顔をして手綱を放しました。

#地獄のマラソン

1年間のマラソン

ヘラクレス

第4の試練：エリュマントス山のイノシシの捕獲

第4の試練では、運悪くケイロン（P123）を殺してしまいます。ケイロンは、ケンタウロス族の賢人で、かつてヘラクレスの教師でしたが、あやまってヒュドラの毒のついた矢で膝を射てしまったのです。ケイロンは、あまりの痛みに、「こんなに苦しむくらいなら」と永遠の命を捨てました。ヘラクレスは、悲しみに暮れながらも、試練を果たしにエリュマントス山へ向かい、凶暴なイノシシの跡を見つけると、穴を掘り、雪をかぶせて罠をしかけ、生け捕りにして持ち帰ります。王エウリュステウスは、いつものごとく腰抜けで、あたふたと青銅の壺に身を隠しました。

今日は丸焼きパーティーだ！

④

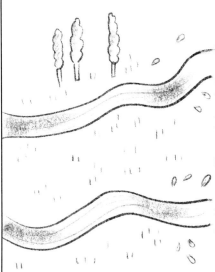

第5の試練：アウゲイアスの家畜小屋掃除

家畜小屋と言ってもただの小屋ではなく、その悪臭はペロポネソス中に蔓延していました。これをたった1日できれいにしなければならないのです。3000頭の牛が飼われている小屋は、30年もの間1度として掃除されたことがなく、その堆肥は谷中を覆い、作物の栽培を妨げていたほどでした。機転の利くヘラクレスが、2つの川の流れを変えると、水の流れはたまった汚れを洗い落とし、遠くへと運び去りました。ヘラクレスは、アウゲイアスから成功報酬として牛の1割をもらい受けることになっていましたが、エウリュステウスは、「報酬をもらうのは違反で、試練は果たされなかった」と告げ、アウゲイアスも「小屋をきれいにしたのは、ヘラクレスではなく川だ」と主張し、報酬を支払いませんでした。……何年もののち、ヘラクレスはアウゲイアスに仕返しし、報酬を手に入れました。

⑤

#堆肥ラブ

第6の試練：ステュンパリデス沼地の怪鳥の退治

この試練では、人食い鳥を退治せねばなりません。青銅のくちばしと足と翼を持ち、羽は矢のように鋭く、その数はあまりにも多く、飛び立つと空が覆いつくされるほどだったとか。ヘラクレスは、剣と盾で大きな音を立て、驚いた鳥たちがあちこちに飛び立ったところに矢を放ちました。鳥たちは上空で、鋭い羽で殺しあって全滅したそうです（#一件落着）。

⑥

ステュンパリデス沼地の怪鳥

ポケモンレベル1000

7

サーフィンUSA

第7の試練：
クレタ島の牡牛の捕獲

ポセイドン（P14）は、クレタ王ミノスに白い牡牛を贈りました。ミノスは、この牡牛をのちに生贄にするはずでしたが、あまりの立派さに自分のものにすることを決めます。すると、ポセイドンは話が違うと怒り、ミノスの妻パシパエに牡牛への恋心を植えつけ、復讐します。何とパシパエは、牡牛の子ミノタウロスを身ごもり、牡牛は鼻から炎を吹き、ひづめで大地を荒らし、クレタ島を大混乱におちいらせました。ヘラクレスは、この牡牛の捕獲を命じられたのでした。捕獲後、首根っこを捕まえてまたがり、海を渡って王エウリュステウスの宮殿へと戻ったというのですから（エウリュステウスは、言うまでもなく身を隠しましたが）、牡牛の乗り心地は、どうやら悪くなかったようです。

第8の試練：
ディオメデスの
人食い馬の退治

エウリュステウスは、トラキア王ディオメデスの馬を捕まえてくるようにと命じます。ディオメデスは、冷酷な人物で、訪問客を人食い馬の餌にしていました。ヘラクレスは、ディオメデスを人食い馬に食わせて犠牲者（かたき）の仇を取り、馬たちをオリュンポスへと連れて行きました。アレクサンドロス大王の名馬ブケパロスは、この人食い馬の末裔だと言います。

8

第9の試練：
ヒッポリュテの帯の入手

エウリュステウスのませた娘のたっての要望で、アマゾネス族（P128）の女王ヒッポリュテの帯を取ってこなければなりませんでした。これは、ヒッポリュテが父である軍神アレス（P30）から贈られた帯です。幸運なことに、ヒッポリュテはヘラクレスに恋をし、自分を愛してくれるならと、帯をゆずってくれました。けれども、執念深いヘラ（P16）がアマゾネス族に変装し、ヘラクレスはヒッポリュテの暗殺を計画していると噂を流します。アマゾネス族対ヘラクレスの戦いが勃発し、ヒッポリュテは戦死。ヘラクレスは帯を持って逃げ、無駄な流血と共に幕引きとなりました。

9

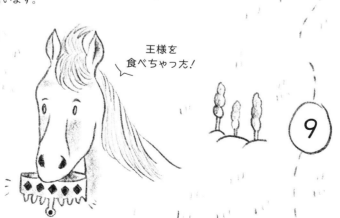

王様を
食べちゃった！

12の試練（最初は10だった）

黄金のリンゴ
3万5000€/kg

第10の試練：
ゲリュオンとの戦い

地上最強のゲリュオンの牛を盗むという、危険極まりない試練です。ゲリュオンは、3つの頭と3つの体と6つの手を持つ怪物で、ジブラルタル海峡沿岸に住んでいました。ヘラクレスは、まず牛の番犬と牛飼いの頭を割り、次にゲリュオンの3つの体に矢が一気に刺さるように横から放ちました。そうして牛を連れて帰ることに成功しますが、途中、牛を狙う様々な敵に襲われることになります。

牛だけのために
こんなに犠牲を
出してしまった……

BÊÊÊH

10

#ラブリー

第11の試練：
黄金のリンゴの入手

巨人アトラス（P56）の娘の園、ヘスペリデスに黄金のリンゴを取りに行くよう命がくだります。アトラスは、たどり着いたヘラクレスに、自分の背負っている天空を持っていてくれたらリンゴを取ってきてやろうと言いました。基本的に人のいいヘラクレスが代わってあげた途端、アトラスは「もう天空を支えるのはごめんだ、一生持っていろ」と言い捨てながら、わざと黄金のリンゴを目の前でもいでみせました。ヘラクレスは、あきらめたふりをして、「持ち方が悪いので持ち直すから手を貸してくれ」とアトラスに頼みます。アトラスが手を貸した瞬間、ヘラクレスはその肩に天空を返しました。ヘラクレスの方が一枚上手だったというわけです。

11

第12の試練：
番犬ケルベロスの捕獲

エウリュステウスは、ヘラクレスが着々と課題をこなしているのを見て怒り出し、何とかして達成させまいと策を練りました。そこで出した最後の課題が、冥界の番犬ケルベロス（P124）の捕獲でした。しかし、ヘラクレスからすれば、こんな怪物はお手のもの。こん棒で殴りつけたところ、ケルベロスはあまりの強烈さに、ポケットに入るほどの小さな子犬になりました。ヘラクレスは悠々と、いつものごとく怯えるエウリュステウスのもとへ犬たちを連れ帰り、さすがのエウリュステウスも降参したのでした。

12

お先に
どうぞ

いえいえ、
どうぞお先に

お願いだから、
お先にどうぞ

英雄の無残な死

様々な試練を克服したヘラクレスですが、その死はあまりに無残でした。3番目の妻デイアネイラと共に危険な川を渡ろうとしていると、ケンタウロス族のネッソスが来て、「デイアネイラを背負ってあげましょう」と申し出ました。しかし卑劣なネッソスは、ヘラクレスが泳ぎ出す瞬間を見計らい、デイアネイラを手ごめにしようと狙っていたのです。ヘラクレスは、ヒュドラの毒のついた矢でネッソスを殺しますが、ネッソスは死ぬ間際に血まみれの衣をデイアネイラに渡し、「これがあればヘラクレスは浮気をしないだろう」と伝えました。のちにデイアネイラが、ヘラクレスにこの衣を着せると、衣は彼の肉を引き裂き、ヘラクレスは脱ぐことができないまま、あまりの苦しみのため火葬台に身を投げて命を断ち、デイアネイラも絶望のあまり首を吊って絶命しました（＃悲しい結末）。今でも「ネッソスの上着」という言葉は、毒を含んだ贈り物を意味します。

スルバラン《ヘラクレスの死》1634年、プラド美術館（マドリード）：血に浸った衣は英雄の命を奪いました。

ヘラクレスを探せ

ポップカルチャー

アーティストたちにとって、ヘラクレスは特別な存在。その冒険譚（たん）は数々の作品を生み出しました（＃個性豊か）。例えば、コミック作家ゴシニの『アステリックスの12の課題 (Les 12 travaux d'Astérix)』や、マーベル・コミックの『ハルク (HULK)』に登場するハーキュリース。あるいはシュワルツェネッガー主演の映画『アドヴェンチャー・オブ・ヒーロー』や、ドゥエイン・ジョンソン主演の映画『ヘラクレス』など、名（迷）演が光ります。

大空に

怪力と並外れたスケールを備えたヘラクレス。レオナルド・ディカプリオは映画『アビエイター』で、ヘラクレスに劣らないスケールの飛行家であり実業家のハワード・ヒューズを演じました。ヒューズは最も大切にしていた飛行艇を「H-4ハーキュリーズ」と名づけましたが、ヘラクレスの名にふさわしく、その高さ（25ｍ）、長さ（98ｍ）を超える飛行艇は、いまだにありません。ただし1度しか飛行していませんが……。

宇宙

ディズニー映画にも登場したヘラクレスですが、5番目に大きな星座にもヘラクレスの名がついています（ヘルクレス座）。1935年には、国際天文学連合により、地球の衛星である月のクレーターの1つがヘラクレスと命名されました。その西のクレーターには、ヘラクレスの旧友（？）にちなんでアトラスという名がつけられました。

ニューヨークで撮影中のアーノルド・シュワルツェネッガー、1969年。

ピーター・ニューアーク・アメリカン・ピクチャー《H-4ハーキュリーズ》制作年不詳、個人蔵：エアバス社の巨大旅客機A380よりも2割大きい！

イアソン

イアソン／ジェイソン

アテナイを代表する英雄

ケンタウロス族の賢人ケイロン（P123）の薫陶を受けたイアソンは、
ヘラクレス（P70）を含む50人の勇者を集めました。彼らは「アルゴナウタイ（アルゴ号乗り）」と呼ばれ、
イアソンを船長に、竜が見張る空飛ぶ雄羊の金羊毛を探しに危険な旅へと向かいます。

ケイロンの教え

イアソンの両親は、テッサリア地方のイオルコスを治めていましたが、ポセイドン（P14）の息子である叔父ペリアスにより王位を追われてしまいました。息子を殺されることを恐れた彼らは、イアソンが生まれると、死産と嘘をつき、お葬式まで挙げました。そして、ひそかにイアソンをケンタウロス族の賢人ケイロンのもとにやり、賢人の教えを受けたイアソンは優れた戦士に成長します。ケイロンは、イアソンが16歳になると、彼に出生の秘密を教えました。こうしてイアソンは、故郷に戻って王位を奪回することを決意します。

片方のサンダルと老婆

故郷へ戻る道すがら、イアソンは老婆と出会います。しかし、この老婆は実は変装したヘラ（P16）で、「川を渡る手助けをしてほしい」と頼みます。イアソンは、老婆を背負って川を渡りますが、片方のサンダルをなくしてしまい、叔父ペリアスの統治する故郷に着いて宮殿に迎え入れられたときには、片方しか履いていませんでした。しかもペリアスは、以前、「サンダルを片方だけ履いた風神アイオロスの末裔がそなたの命を奪う」という予言を受けていました（#危険が迫っている）。

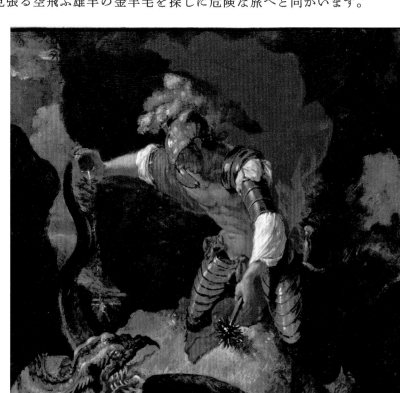

ローザ《イアソンと竜》17世紀、セント・ルイス美術館（アメリカ、ミズーリ）

ご主人様、
サンダルを
お忘れです

HAA AA

ローマ名：イアソン

語源：癒す者

父：テッサリア地方を治める王
アイソン、風神アイオロスの末裔

母：ポリュメーデ（アウトリュコス
〔P139〕の娘）

ユニコーン
の次は、
空飛ぶ羊！
#ラブリー

腹黒い叔父

ギリシャ人の例にたがわず、イオルコス王ペリアスも神々を恐れていました。それだけに、城に迎え入れた甥のイアソンを祝祭の日に殺すなどもってのほかで、3重の罪に思えて苦悩します。親族、客へのもてなし、祝祭はいずれも極めて重要でした。困り果てたペリアスは、イアソンの要求を受け入れたふりをし、ゼウス（P12）が贈ったと言われる「空飛ぶ羊の金羊毛」を見つけてくるよう難題を課しました。この羊毛は、遠い地の果てのコルキスの木に吊りさげられ、竜に見張られていました。

アルゴ号

若く血気盛んなイアソンは、イオルコス王ペリアスの悪賢い提案にしりごみするどころか、喜んで受けて立ちました。彼は賢明にも、危険と栄光を求める50人の勇者を集めます。なかには、ヘラクレス、オルペウス（P80）、カストル（P82）とポリュデウケス（P82）の姿も。さらに、一隻の船を建造しました。この船はヘラの庇護を得、海を渡るための言語能力と予知能力を与えられました。「アルゴ（敏速）」という船名と「ナウタイ（船乗り）」の語から、一行は「アルゴナウタイ（アルゴ号乗り）」と呼ばれ、一段式ガレー船に乗って出航しました。

セクシーなラグビーマン
神話の神々

映画『アルゴ探検隊の大冒険』（1963年）：ドン・チャフェイ監督、トッド・アームストロング主演。レトロな特殊効果満載のキッチュな作品。竜はとても段ボール製には見えないはず……。

イアソンを探せ

詩やコミック

金羊毛をテーマにした文学作品は多数あり、フランスの悲劇作家コルネイユは『金羊毛（la Toison d'or）』やスピンオフ的作品『メデイア（Médée）』を著しました。ドナルドダックの甥ヒューイ、デューイ、ルイのコミック『ザ・ゴールデン・フリーシング（À la recherche de la Toison d'or）』も、ベルギーのコミック『タンタン』の最初の映画『タンタンとトワゾンドール号の神秘』も金羊毛をテーマにしており、このテーマの普遍性を感じさせます。

映画と星座

アルゴ座は、イアソンの船の名前に由来し、ほ座、とも座、りゅうこつ座の3つに分割されています（#実用的）。また、オスカー賞を受賞したベン・アフレック監督の映画『アルゴ』は、1980年の在イランアメリカ大使館人質事件をもとにしていて、カナダ人に変装したアメリカ人が「アルゴ」という架空のSF映画を撮影すると見せかけ、人質救出作戦を展開するというストーリーです。

騎士道

金羊毛騎士団は、知名度もセレブ度もNo.1の騎士団。1430年に、ブルゴーニュ公フィリップ善良公により創設され、現在もスペインで存続しています。かつての選り抜きの大貴族たちは、金羊毛の羊があしらわれた勲章を首にさげていました。善良公の曽孫で神聖ローマ皇帝のカール5世は、イアソンと50人の船乗りたちを記念し、成員を51名としました。

ファン・オルレイ《金羊毛勲章を身に着けたカール5世》1515年、個人蔵

イアソンとアルゴ号

金羊毛をめぐる探検は困難に満ちていたからこそ、今に伝わるのです。
実際、旅はトラブル続きで、イアソンは苦渋の決断を迫られたり、
栄光か勝利のいずれかを選ばねばならなかったりしました。

賢人の食卓

目的地コルキスに向かうアルゴ号には、たくさんの冒険が待ち受けていました。例えば、旅の途中に出会った盲目の年老いたピネウスは食事のたびに、悪臭を放つ怪物ハルピュイア（ハーピイ）に邪魔され、食事ができずにいました。船乗りたちは、ハルピュイアを追い払い、お礼としてボスポラス海峡の渡り方を教えてもらいます。というのも当時は、海峡には動く岩があり、渡ろうとする船を挟み撃ちにしていたのです。しかし、アルゴ号が無事に渡ると、もう動かなくなったと言います。

ボスポラス海峡のよた者

A.C. マイケル《イアソンとアルゴ号の船乗りたち》1918 年、個人蔵：動く岩の間をくぐり抜けるアルゴ号。岩はアルゴ号が通ったあとに閉じ、わずかに船尾が破損しました。

偉人の影に女あり

アルゴ号は、ようやくアイエテスの支配するコルキスに到着しました。アイエテスは、イアソンに金羊毛を渡すつもりなど少しもなかったのですが、承知したふりをして2つの難題を突きつけました。1つは、青銅のひづめで炎を吐く2頭の牡牛で畑を耕すこと。もう1つは、畑に種をまき、そこから生えるスパルトイ（ギリシャ語で「まかれた者」の意）と呼ばれる戦士たちを倒すこと。しかしアイエテスは、娘のメデイアがイアソンに恋することまでは予想していませんでした。メデイアはイアソンに、難題攻略の方法を教えたのです。

ソーセージ、焼けたよ

メディアに助けられて ✗

魔女メディアは、炎や牡牛のひづめから守ってくれる塗り薬（優れモノ）と、スパルトイが仲間内で殺しあうように仕向ける石をくれました。これさえあれば、怖いものなし。イアソンは無事に課題をクリアしました。しかし、腹を立てたアイエテスは金羊毛を渡すのをこばんだため、メディアは竜を眠らせ、イアソンは夜の闇にまぎれて金羊毛を手に入れました。イアソン、メディア、船乗りたちは島をあとにし、アイエテスは艦隊を仕向けて彼らを追跡します。

ウォーターハウス《イアソンとメディア》1907年、個人蔵

メディアが用意した
イアソンのためのレスキューキット

☑ 魔法の塗り薬

石

☑ 秘薬

☑ 防寒用羊毛

過激なメディア ✗

アイエテスによる追跡劇で、メディアのブラックな面が明らかになります。彼女は一緒に連れてきた弟を殺し、ばらばらに切断して、甲板から海に投げたのです。こうすれば、父アイエテスは、息子の遺体を回収するか、追跡し続けるかのどちらかを選ばねばなりません。アイエテスは息子をしかるべく弔いたいと、人間らしい選択をしました。こうしてイアソンたちは無事に帰国しますが、叔父ペリアスが自分のいない間に一族をみな殺しにしてしまったことを知ります。するとここでもメディアが知恵を働かせ、鍋で魔法の薬を用意し、人でなしの叔父をぐつぐつに煮殺しました。

我は王なり
ん？ 何を見てる？

弟をばらばらに
してしまいました

✗ 触らぬメディアに祟りなし

恐るべきメディアの助けを借りてうまく事を運んだイアソンは、メディアとの間に子供にも恵まれました。しかし10年後、メディアを捨て、若くてお金持ちの王女のもとに走ります。何を血迷ったのでしょう。メディアは、イアソンへの復讐のため、ためらいもせず我が子を殺して逃亡。結局、英雄イアソンの生涯にはケチがつき、最期も残念なおわり方でした。老朽化したアルゴ号を眺めていたところ、舳先（へさき）が落ちてきてその下敷になって落命したのです。英雄らしからぬ死に様でした。

奥さん、ちょっと
怒ってたみたいだけど

大丈夫、
大丈夫

オルペウス

オルフェウス／オーフュース

偉大なる音楽家

旅する英雄オルペウスは、この世で最も有名な音楽家。
その歌の美しさに石さえも涙を流し、木々は揺らぎ、動物はため息をついたと言います。

フューガー《冥界のオルペウスとエウリュディケ》19世紀初頭、ザルツブルク宮殿美術館（オーストリア、ザルツブルク）：取り返しのつかないまちがいを犯してしまった瞬間が描かれています。

アポロンの7本の弦の竪琴

オルペウスはトラキアの若き王子。その歌声のえも言われぬ美しさでギリシャ中を虜にし、あらゆる生き物を感動させました。音楽の神アポロン（P22）は、噂を耳にして歌を聞きに行ったところ、あまりの素晴らしさに感動し、所有する楽器の中でも最上のものを贈ることにしました。赤ん坊だった頃のヘルメス（P24）が作りあげた7本の弦の竪琴です。9人のムーサたち（P58）の1人を母に持つオルペウスは、これを9本に増やし、肌身離さず持っていました。

セイレンを魅了した アルゴ号のオルペウス

オルペウスは旅する英雄でもあり、金羊毛を探すイアソン（P76）の旅にも同行しました。アルゴ号（P77）では歌を歌って漕ぎ手たちのリズムを取っていたので、「漕ぎ手のリーダー」と呼ばれました。あまり役に立っていないと思われるかもしれませんが、いえいえ、セイレン（P126）たちに襲われたときは、乗組員の命を救って手柄を立てました。セイレンは、美声で船乗りを魅了し、海に引きずりこんで食べる怪物です。しかし、怪物たちの美しいメロディーをもうわまわるオルペウスの歌声に、セイレンも歌うのをやめ、おとなしく耳を傾けたと伝わっています。

オルペウス、最高！

冥界への旅

オルペウスは、エウリュディケという名のドリュアス（樹木の精霊）を深く愛していました。しかし婚姻の日、エウリュディケは蛇に噛まれて命を落としてしまいます。絶望したオルペウスは、彼女を探しに冥界へ行き、甘い旋律で番犬ケルベロス（P124）を眠らせると、非情な冥界の王ハデス（P32）のもとへと向かいました。オルペウスの音楽を耳にしたハデスは、感動に打ち震え、石のような心が和らいだかと思うと、はじめての涙、鉄の涙を流したのです。

使い捨て
ハンカチ

小さな船！

永遠に霧散したエウリュディケ

オルペウスの音楽に感動して涙を流したハデスは、特別にエウリュディケを連れて帰ることを認めます。しかし1つだけ、条件を出しました。それは、エウリュディケの亡霊を見たくても、地上に出るまでは決して振り向かないことでした。オルペウスは、おののきながら振り返らずに冥界の出口へと向かいますが、足音が聞こえてきません。エウリュディケは本当についてきているのか、置いてきぼりになっていないか心配でたまらなくなり、オルペウスは、冥界から出る瞬間、思わず肩越しにちらりと振り向いてしまいます。不幸なエウリュディケは、泣きながら永遠に消えてしまいました。

■ オルペウスを探せ

音楽、初期のオペラ

オペラの歴史上、初の名作は、当然ながらオルペウスに捧げられています。1600年頃、ヤコポ・ペーリは、史上初のオペラとされる『エウリディーチェ』を書き、その7年後の1607年には、モンテヴェルディが『オルフェオ』を作りました。オルペウスとエウリュディケの物語は、ハイドンやグルックにもインスピレーションを与え、1858年にはオッフェンバックによるパロディ『地獄のオルフェ』が発表されています。

オルペウス信仰

ギリシャでは、紀元前6世紀頃にある宗教の一派が出現し、非常に重要な位置を占めたことから、キリスト教の先駆的宗教と考えられています。この一派は、オルペウスを信仰し、ギリシャの社会と宗教に異議を唱え、人間の魂は不滅で、生まれ変わるよう定められているが、秘密の儀式を行えば、神々の国へ戻れると信じていました。彼らは誰かが亡くなると、オルペウスのように、冥界から死人を助け出し来世を生きることができるよう祈りを唱え、儀式を執り行っていました。

ローマ名：オルフェウス
父：トラキア王オイアグロス
母：カリオペ（弁舌の女神、P58）
妻：エウリュディケ（ドリュアス）

レヴィ《オルペウスの死》（部分）1866年、オルセー美術館（パリ）：ディオニュソス信仰（P35）がテッサリアに伝播すると、オルペウスは崇拝を拒否し、巫女の行っていた人身御供を批判。自らの宗教を広げました。すると、怒った巫女たちは彼を八つ裂きにしました。のちに頭部が見つかり、レスボス島で大切に保管されたと言われています。

ディオスクロイ
カストルとポリュデウケス

カストルとポルックス／カスターとポラックス

友愛を象徴する二卵性双生児

ふたご座に象徴されるカストルとポリュデウケスは、神話に登場する二卵性双生児。
ポリュデウケスはゼウス（P12）の息子で神、カストルは王の息子で人間です。
この違いはいさかいを生むどころか、絆を強め、2人は友愛のシンボルともなっています。

二卵性双生児のふたご座

ディオスクロイ、すなわちカストルとポリュデウケスの出生の背景は、神話の中でも特に放縦。ゼウスはスパルタの美しい女王レダ（P64）に夢中になり、白鳥に姿を変えて誘惑します。そして、もとの姿に戻る間もなく白鳥のまま性急に彼女と結ばれました（愛に待ったなし！）。レダは同じ日の早い時間に夫とも関係を持っていたため、2つの卵を身ごもります。1つには夫テュンダレオスの子カストルとクリュタイムネストラが、もう1つにはゼウスの子ポリュデウケスと（トロイア戦争の発端となった）ヘレネ（P93）が宿っていました。カストルとポリュデウケスは、父の違う双子しかも二卵性双生児だったのです。

ちょっと待って、
あなたのパパは……

冒険へ

半分しか血はつながっていないながらも、2人は大の仲良しして、特に冒険が大好きでした。いつも一緒の2人ですが、カストルは馬、ポリュデウケスはボクシングと、それぞれに得意分野があり、いずれも達人級でした。その豪胆さはよく知られていて、アルゴ号（P77）の冒険に参加したときは、イアソン（P76）が大喜びしたとか。またアルテミス（P26）の遣わした凶暴なイノシシ、カリュドン狩りにも参加するほど、危険を好んでいました。

> ローマ名：カストルとポルックス
> 語源：ディオスクロイ
> 　　　（ゼウスの息子たち）
> 父：ポリュデウケスの父はゼウス
> 　　（P12）、カストルの父は
> 　　スパルタ王テュンダレオス
> 母：スパルタ女王レダ（P64）

ルーベンス《レウキッポスの娘たちの略奪》1617年、アルテ・ピナコテーク（ミュンヘン）

結婚式を台なしに

ある日、アルゴ号の仲間で双子のイーダスとリュンケウスの結婚式に招かれた2人は、それぞれの花嫁にひと目ぼれし、さらってしまいました。残された花婿は怒り狂い、追跡します。そのうちの1人がカストルを倒すと、カストルとポリュデウケスに味方していたゼウスが雷を落とし、ポリュデウケスはもう1人の花婿を倒すことに成功しました。けれども、カストルの死から立ち直れないポリュデウケスは、ゼウスに奇妙な願いをします。それは、1日おきに自分の不滅の命をカストルに分けることでした。この願いは聞き入れられました。

この婚姻に
異論のある者は、
この場で述べよ
さもなくば永遠に
口をつぐむこと

はい！
はい！　はい！

ディオスクロイを探せ

ローマ、カピトリウムの丘

ローマ中心近くに位置する重要な丘カピトリウム。丘の階段をあがると、2つの大きな像が立っていて、カストルとポリュデウケスが、レギッルス湖畔の戦い（紀元前499年頃）に参加したことを伝えています。この戦いにより、ローマはラティウム人を打ち負かしますが、2人はフォロ・ロマーノのユトゥルナの泉で馬に水を飲ませ、町に勝利の報せをもたらしたとされています。この像を後ろから見ると、とがった帽子をかぶっているのがわかります。これは卵の殻で、彼らが卵から生まれたことを示しています。

オペラ

カストルとポリュデウケスが登場するのは、ふたご座（5月21日〜6月21日）だけではありません。オペラも2人を取りあげ、特に1737年と1754年に上演された『カストルとポルックス』は、フランスの音楽家ラモーの代表作です。オペラではカストルを失ったポルックスの悲嘆、ゼウスに頼んでカストルを生き返らせてほしい一方で、カストルを愛するテライールを妻にしたい葛藤が描かれています。結局、カストルと永遠の命を分けあうという願いは叶いましたが、テライールはカストルと結ばれたのでした。

スパルタの守護者

スパルタ王妃の息子であるカストルとポリュデウケスは、当然ながらスパルタ人たちから深く敬愛されていました。スパルタの特殊な政治体制、すなわち2人の王による支配が行われる二頭政治も、その影響を受けた可能性があります。戦さでは、双子を表す2本の柱を描いた印が、スパルタ軍を守っていました。

スパルタ

カストルとポリュデウケスの姉妹提携都市

ポップカルチャー

特に映画では、双子のシンボルとして多用されます。例えば、フランシス・ローレンス監督の『ハンガー・ゲームFINAL：レボリューション』では、カットニスの味方の双子はキャスター（カスター／カストル）とポラックス（ポリュデウケス）。ジョン・ウー監督の『フェイス／オフ』では、ジョン・トラボルタ演じるジョン・アーチャーが天敵キャスター・トロイの顔に整形しますが、その弟の名がポラックスと手のこんだ設定。一方、1960年代のフランスの子供向け映画『マネージュ・アンシャンテ』の犬はポルックス（ポリュデウケス）ですが、カストルはまだ出てきていません（＃がっかり）。

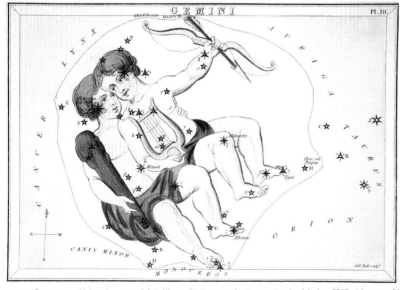

ホール『ウラニアの鏡』から、ふたご座を描いた版画。1825年（ロンドン）：なぜ中央に竪琴があるかは謎。

ワンワン！

フェイス／オフ

トラボルタさん、残念ながらキャスターと顔を替えてもらいます

テ セ ウ ス

テセウス／テセウス

二面性を持つアテナイの伝説的王

第10代目アテナの伝説的な王テセウスは、絶大な人気を誇る英雄でした。ただし冒険がはじまった
当初こそ人気者だったものの、間もなくとんでもないならず者だということが明らかになります。

プッサンとル・メール《父の剣を見出すテセウス》1638年頃、コンデ美術館（フランス、シャンティイ）：「重い！ 何、このボロは？」

父はペテン師

テセウスの父は、アテナイ王アイゲウス。ひと筋縄ではいかない人物で、息子がいないのを気に病んでいました。あるとき、トロイゼンを治める友人を訪ね、彼の美貌の娘アイトラーに恋します。しかし、島に連れ去って思いのまま楽しむと、あっさり関係を解消。ところが、万が一、男の子を身ごもり、その子が「自分にふさわしい」人物に育ち（何を基準にするかによりますが）、即位できる年齢に達したら、岩の下に隠したサンダルと剣を持たせ、自分のもとに送り出すよう言い渡しました。何と身勝手な……。

義母は毒母

テセウスが16歳になると、母アイトラーは、ポセイドン（P14）の子ではなく、アテナイ王アイゲウスの息子であることを教え、アイゲウスが自分の息子である証の品を隠した岩を見せました。テセウスはひょいと岩を持ちあげ、サンダルと剣を手に入れると、父のもとへ向かいます。けれども残念ながら、父はこれまたひどい女性と結婚していました。その女性というのが、イアソン（P76）に捨てられたメデイアだったのです。メデイアは、この邪魔な世継ぎを毒殺しようとしますが、テセウスが毒を飲もうとした瞬間、アイゲウスはサンダルと剣を目にし、実の息子だと悟りました。

お招きありがとう
花と剣と
サンダルを
持ってきました

ミノタウロスを倒すか、倒されるか

アテナイ王アイゲウスは、実の息子との再会を喜び、メデイアを追い出し、王位をゆずる準備にかかりました。時を同じくしてテセウスは、アテナイ市民が9年ごとにクレタ王ミノスに、少年少女7人ずつを生贄にしていることを耳にします。その14人は、ミノタウロス（P73）に食われてしまうのです。アイゲウスが、パンアテナイア祭で多くの賞を獲得したミノスの息子をねたみ、殺してしまったことが原因でした。憤慨したテセウスは、アイゲウスの必死の制止を振り切り、生贄の1人となってミノタウロス退治におもむくことを決意しました。

パラジ《迷宮を去るための糸をテセウスにわたすアリアドネ》19世紀初頭、ボローニャ近代美術館（ボローニャ）：テセウスはアリアドネに感謝し、一生の愛を誓いました。……いや、2日といった方が正しいでしょう。

アリアドネとの約束

ミノタウロスへの生贄の1人となったテセウスは、クノッソスの港に到着。そこでクレタ王ミノスの娘アリアドネに見染められます。何とか彼を助けたい一心のアリアドネは、異父兄弟ミノタウロスや父を裏切り、テセウスに「手助けするので、生き延びたら私を遠くへ連れて行って結婚してください」と頼みます。テセウスは喜んで約束しました。アリアドネは、ミノタウロスの住む迷宮を建設したダイダロスに脱出方法を聞きに行き、手渡された糸をたどって戻ってくればよいことを教わりました。

やっぱり結婚しない

テセウスは、やすやすとミノタウロスを倒すと、クレタ王女アリアドネのくれた糸を使って迷宮を脱出し、一緒に島をあとにしました。しかし、何という人でなしでしょう！　恩知らずにも、アリアドネを無人島に置き去りにするのです。幸いにも、ぶどう酒の神ディオニュソス（P34）が泣きじゃくるアリアドネを見て不憫に思い、なぐさめます。しかも、なぐさめているうちに恋をし、結婚することに。不誠実な男の代わりに神と結ばれたのですから、アリアドネにとって損な話ではなかったかもしれません。

無人島に置き去りなんて……

父殺し

テセウスの悪行は続きます。アテナイ王アイゲウスは、息子テセウスに「もしお前が無事に帰ってきたら、船に白い帆を張って遠くから朗報を伝えておくれ」と頼んでいました。それを忘れたのか（アリアドネを捨てて一刻も早く帰りたかったのでしょうか）、王位を狙って老いた父王に心臓発作を起こさせようとしたのかは、定かではありませんが、テセウスは黒い帆を張ったまま帰還しました。息子が死んだと勘違いしたアイゲウスは、岩から身を投げて命を断ちます。アテナイ市民がミノタウロスに生贄を捧げなければならなくなったのも、もとはと言えばアイゲウスのせいなので、自業自得とも言えますが……。

レーニ《ディオニュソスとアリアドネ》（部分）1619〜1620年頃、ロサンゼルス・カウンティ美術館（ロサンゼルス）：「ねえ、彼は『すぐ戻るから待ってて』って言ったのよ。でもまだ来ないの」

ゲラン《ファイドラとヒッポリュトス》（部分）1815年、ボルドー美術館（ボルドー）：パイドラは、乳母から嘘をついてヒッポリュトスに汚名を着せるよう、そそのかされます。無実を表す白い衣をまとったヒッポリュトスは、パイドラの糾弾を一蹴しますが、激怒したテセウスは、無実を訴える息子を信じようとしませんでした。

不実な妻

アテナイに帰ったテセウスは、ヘラクレス（P70）と共にアマゾネスの地に向かい、女王アンティオペを妻にしました。2人の間にはヒッポリュトスという息子が生まれますが、アンティオペが亡くなると、テセウスは無節操にもアリアドネの妹パイドラと結婚しました。けれども因果応報なのか、妻を寝取られそうになります。息子のヒッポリュトスはアルテミス（P26）を敬愛し、愛の女神アプロディテ（P20）を軽蔑していました。アプロディテは気を悪くして、パイドラに義理の息子であるヒッポリュトスへの恋心を吹きこんだのです。嫌悪感にかられたヒッポリュトスは、義母をこばみ、逃げ去りました。

逆恨み

パイドラは、ヒッポリュトスをこらしめてやりたいものの、自分が恋心を寄せたことが夫テセウスにバレてしまうことを恐れ、悩んだあげく、ヒッポリュトスに乱暴されそうになったと嘘をつきます。よくある手口ですが、テセウスは激怒し、ヒッポリュトスにポセイドン（P14）の呪いをかけます。するとポセイドンは海の怪物を使い、ヒッポリュトスが戦車に乗って海辺を駆けているときに、馬に不意打ちをかけました。馬は暴走し、ヒッポリュトスは岩の上を戦車に引きずられて苦しみながら絶命します。彼の死の報せを聞いたパイドラは、後悔と悲しみのあまり、首を吊って自害しました。けれども、医学の神アスクレピオス（P48）は、ヒッポリュトスの死に心を痛め、よみがえらせました。

えーと、誰だっけ　誰の妹？

追放

晩年のテセウスは、優れた統治手腕を発揮し（意外!）、アテナイの行政機構を強化しましたが、市民からは嫌われ、皮肉にも自らが制定したばかりの市民投票によるオストラキスモス（追放処分）を受けます。アテナイから遠く離れた地で、失意の中、没しました。

ねえ、戻してよ！あの法律は、まちがいだったんだって！

ローマ名：テセウス
父：アテナイ王アイゲウス
母：アルゴリス地方トロイゼン王娘アイトラー
妻：クレタ王女アリアドネ、アマゾネス女王アンティオペ、パイドラ

青いエーゲ海

エーゲ海の東部や西部には、たくさんの古代ギリシャの都市が残っています。そう言うと、地理に詳しい人なら「いや、東部はトルコだよ」と思うかもしれません。古代、トルコはギリシャ文明をなす1地域であり、「小アジア」と呼ばれていました。そのため、トルコにもギリシャ遺跡がたくさん現存しています。テセウスの父アイゲウスが身を投げたのもこの海。アイゲウスも、自分の名がエーゲ海の語源になったと聞けば、多少はなぐさめられるのでは……。

エーゲ海

アテナイ

ラシーヌの『フェードル』

ラシーヌの5幕からなる悲劇『フェードル』は、1677年に書かれ、本人もとても気に入っていました。ラシーヌは、パイドラ（フェードル）は完璧な悲劇のヒロインであり、いかにもありふれた筋書は、観客の美徳を高める一助となるだろうと考えました。ローマの哲学者セネカも、パイドラを主題にした悲劇を書きました。熱情を魂の病と断じたこの作品は、精神的かつ哲学的道徳観を示しています。

ロケット・アリアン

1973年、欧州宇宙機関が中心となり、ロケット・アリアン〔アリアンは、アリアドネのフランス語読み〕の打ちあげ計画が始動しました。当時の産業科学開発省は、フェニックス（鳳凰座）、ベガ（織女星）、リラ（こと座）、シーニュ（はくちょう座）などのネーミングを考えていたそうですが、担当大臣は、エリート校の高等師範学校と国立行政院を卒業し、歴史の教授資格を持つ大のギリシャ神話好きで、提案されたネーミングも悪くないが、やはりディオニュソスの麗しの妻アリアドネがふさわしいだろうと言ったそうです。まさに、ユピテル（ゼウス、P12）のひと声と言えるでしょう。

ラシーヌ作『フェードル』の表紙

ロケット・アリアンの発射

ペルセウス

ペルセウス／パーシアス

ゼウスの息子にして英雄

古代において好感度抜群の半神。ゴルゴン姉妹のメドゥサ（P132）の首を切った人物として
知られています。その後、美しいアンドロメダを食べようとした竜を倒し、彼女と結婚します。

レイトン《ペルセウスとアンドロメダ》（部分）1891年、リバプール国立美術館（リバプール）：太陽に包まれたペルセウスが、将来の妻（そして星）となるアンドロメダを救います。

木箱に閉じこめられて

ペルセウスは、美女と名高いダナエ（P62）の息子。ダナエの父アクリシオスは、「汝は娘の息子に殺されるだろう」という予言を受けて、ダナエを男たちから引き離しておこうと塔に閉じこめました（P62）。しかし、ゼウス（P12）が恋をし、黄金の雨に姿を変えて結ばれます。これを知ったアクリシオスは、生まれたペルセウスとダナエを木箱に入れて、海に流しました。水底に沈んでしまうことを願って……。

見てはならぬ

木箱で流されたダナエとペルセウスは、ある島に漂着しますが、のちに島の王はダナエとの結婚を望みます。何としても母を結婚させたくないペルセウスは、ゴルゴン姉妹のメドゥサの頭を持って帰ってくると約束する羽目になりました。ヘルメス（P24）は、ペルセウスのために、姿を消せるハデス（P32）の兜を手に入れ、自分のサンダルと翼が生えた兜を貸しました。アテナ（P18）も、どうしたらこの怪物を倒せるか、策を授けてくれました。何しろメドゥサは、見る者を石に変えてしまう怪物。アテナの教えてくれた戦い方は、盾に映ったメドゥサを見ながら近づき、眠っているところを斬首するというものでした（#頭脳派）。

ナルキッソス（P147）にメドゥサ退治を頼んだら……

ローマ名：ペルセウス
語源：おそらく「破壊する」「略奪する」
父：ゼウス（P12）
母：アルゴス王女ダナエ（P62）
妻：エチオピア王女アンドロメダ

我が星アンドロメダ

首尾よくメドゥサの首を切ったペルセウスの前に、それまで彼女の血の中に閉じこめられていたペガソス（P120）が姿を現しました。ペガソスに乗り、母の待つ島へと向かったペルセウスは、エチオピアの海辺で若く美しい娘を見かけます。その娘アンドロメダは、鎖につながれて、海の怪物の生贄にされるところでした。聞くところによると、彼女の母カシオペイアが、海のニンフ〔自然界に現れる女性の姿をした精霊〕よりも自分の方が美しいと豪語したため、海から怪物が出てきて一帯を荒らしているというのです。アンドロメダは、その怒りを鎮めるために生贄にされたのでした。ペルセウスは、彼女を自由にし、妻にしました。

石の婚礼

ペルセウスは、アンドロメダの両親ケペウスとカシオペイアに、娘を助ければ結婚してもよいかお伺いを立てていました。絶望した2人はすぐに受け入れたのですが、ペルセウスが怪物を倒すと態度を一変。婚礼の最中にもかかわらず、結婚は無効で、かつて許嫁だった従兄弟に娘をやると言い出しました。ペルセウスは、婚礼の席にいた人々から襲撃され、メドゥサの首を出さざるをえませんでした。死んでもなお彼女の魔力は衰えず、200人以上もの人が一瞬にして石と化し、散々な婚礼となりました。

予言の成就

凱旋帰国したペルセウスは、自分のいない間に、島の王ポリュデクテスが母ダナエを手ごめにしようとしたことを知り激怒し、メドゥサの首で石に変え、捕えられていた母を解放しました。これでようやくひと息つくことができるようになったペルセウスは、ラリッサで円盤投げの競技に参加しますが、あまりに強く投げてしまい、見ていた老人の額にあて、あやまって殺してしまいます。実はその老人こそ、彼の祖父アクリシオスでした。孫に殺されるという予言は、こうして成就したのでした。

おじいさまは
亡くなりました

あ、そう……
で、ぼくの勝ち？

神話クイズ

メドゥサの魔力でも
石にならなかったのは？

(A) アトラス

(B) サンゴ

(C) 結婚式の
招待客たち

(D) フランスで人気の
ボグダノフ兄弟

ペルセウスを探せ

聖ゲオルギオスとサンゴ

キリスト教伝説に登場する聖ゲオルギオスの冒険は、ペルセウスのドラゴン退治伝説から生まれたと考えられます。中世、聖ゲオルギオスの冒険譚（たん）は大変な人気を誇りました。しかし、ペルセウスがサンゴを作ったという詩人オウィディウスの説は、あまり知られていません。ペルセウスは、ドラゴンと格闘する際、メドゥサの頭を砂の上に置きましたが、戻ってくると砂浜の藻が一様に石化して、メドゥサの血で赤く染まっていたそうです。

インターネットのデータベース

フランスの学術文献データベースの名称は「ペルセ」、すなわちペルセウスです。彼の明晰な頭脳への敬意の表れでしょうか。いずれにせよ、妻アンドロメダも、ペルセウス同様星座となって輝いています。ただし、ポセイドン（P14）が、アンドロメダの両親を星に変えたのは解せません。ペルセウスとの約束を守らなかったにしては、ずいぶんと甘くありませんか？

チェッリーニ《メドゥサの頭を持ったペルセウス》
1545～1553年、ロッジア・ディ・ランツィ（フィレンツェ）

答え：本用に困難なのはどれ？

ベレロポンとキマイラ

ベレロポンとキマエラ／ベレロフォンとキメラ

コリントス王にして英雄と怪物

ベレロポンは魅力的だけれども、自信過剰なのが玉にキズの英雄。ペガソス（P120）を手なずけますが、自分は神と同等だなどと思いあがってはならないことを思い知らされます。

意図せずに人を殺める

ベレロポンは、もともとヒッポノオス（「馬を知る者」）という名でしたが、ある日、狩りの最中にあやまって貴族のベレロスを殺してしまいます。罪から身を清めるため、コリントス王のもとへ向かい、ベレロポン（「ベレロスを殺した者」）という名を授けられました。ベレロポンは、大変な美男であったので、王妃ステネボイアから思いを寄せられます。王妃は何とか彼の気を引こうとしますが、潔癖なベレロポンは嫌悪し、こばみました。怒ったステネボイアは、夫にベレロポンに乱暴されそうになったと嘘をつきます（#短気）。

厄介な客人

コリントス王は王妃の話を聞き、気を悪くしますが、1度迎え入れた客に直接手をくだすことはコリントスの伝統に反します。そこで、義父リュキア王イオバテスへの手紙をベレロポンに託し、送り出しました。手紙には、ベレロポンを殺すように書いてありました。しかしイオバテスは、手紙を読まずにベレロポンを大歓迎し、夕食を振る舞ったので、やはり伝統に縛られて手をくだせなくなりました。食事を振る舞った客を殺すなどもってのほか！　その代わり、彼は客人に破滅的な依頼をしました。

見え透いた建前

キマイラ退治

リュキア王イオバテスは、ベレロポンを亡き者にするべく、自国を苦しめるキマイラを退治してほしいと持ちかけます。キマイラは蛇の尾と2つの頭（ライオンと山羊）を持ち、火を吐く雌の怪物です。ベレロポンは、アテナ（P18）からペガソスを手なずけるための金の馬銜をもらい、キマイラの口の中に鉛の球を投げ入れました。キマイラは、炎を吹くため、鉛が喉で溶けて絶命しました。イオバテスはさらに、ソリメスの一団やアマゾネス族（P128）、海賊を倒すよう、ベレロポンに命じますが、毎回首尾よくいったため、とうとう策がつき、彼を殺しに兵を送ることにしました。

ティエポロ《ペガソスに乗りキマイラを殺すベレロポン》天井フレスコ画、1723年頃、サンディ宮殿（ヴェネツィア）：キマイラの頭は、ライオンと言うよりも犬に見え、2つ目の頭（山羊）も描かれていません。

フェミニスト

頼まれ事を解決したのに軍隊を送られたベレロポンは、ポセイドン（P14）に助けを求め、平野に洪水を起こして全員を溺れさせました。さらにリュキア王イオバテスの宮殿に歩を進めますが、国王を守りたい一心の国の女性たちは、ベレロポンを後退させることに成功します。彼女たちの使った奥の手は、服を脱ぐというもの。慎み深いベレロポンは、女性の裸体をこばみ、退却しました。イオバテスは、ようやくこれほどの男性がステネボイアに乱暴を働くわけがないと気がつき（#その通り）、別の娘をベレロポンと結婚させました。

オリュンポスへ

ベレロポンは、ハッピーエンドに満足するような男性ではありません。自分に濡れ衣を着せたステネボイアに仕返ししようと、「ペガソスに乗って月明かり差す大空を散歩しましょう」と持ちかけました。そして連れ出し、彼女を海に突き落としたのです。数々の成功に有頂天になったベレロポンは、自分は神にも等しいと思いこみ、ペガソスを駆ってオリュンポスへと昇りますが、「ゼウスの雷（P13）」に打ち落とされ、野望を砕かれて最期を遂げました。

ア・ホール・ニュー・ワールド！

ベレロポンとキマイラを探せ

ガーゴイルはキマイラにあらず

ガーゴイルとは、特にゴシックやロマネスク様式の建築に見られる彫刻を施した屋根の雨どい。一般に「キメラ」とも呼ばれていますが、正確にはキメラは、大聖堂や建物の入口に設置された、雨どいの機能のない幻想的でグロテスクな彫像を指します。キマイラが語源であることは言うまでもないでしょう。パリのノートル＝ダム大聖堂に行く機会があれば、ミニ知識を披露してみては？

ナポレオン

ナポレオンのファンにとってベレロポンと言えば、1815年にイギリス軍が皇帝ナポレオンをワーテルローで打ち破り、セント・ヘレナへ島送りにした歴史を思い出すでしょう。イギリス海軍の戦列艦は、HMSベレロフォン。そう、栄光に酔ってオリュンポスを目指し、雷を落とされた英雄と同じ名前です。ナポレオンに人生を悟らせたかもしれません。

『ミッション：インポッシブル』

トム・クルーズは、なかなかの教養人。ジョン・ウー監督『ミッション：インポッシブル2』で、イーサン・ハントは、危険なキメラウイルスを回収せねばなりませんでした。そのウイルスの唯一の治療薬がベレロフォンだったのです。イーサンの恋人は、彼を守るために自分にウイルスを注射します。果たしてイーサンは彼女を救うことができるのでしょうか（#サスペンス、#愛）。

パリのノートル＝ダム大聖堂のキメラ（1925年）：1857年の大改修の際にヴィオレ・ル・デュックが設置。つまり、中世のものではありません。2019年の火災では焼失を逃れました。

この手のウイルスは苦手なんだけど……

ローマ名：ベレロポン
語源：ベレロスを殺した者
父：ポセイドン（P14）
母：メガラ王女エウリュノメ

パリス

パリス／パリス

美女のためにトロイアを道連れにした王子

トロイアの王子パリスは美男ながらも軽率で、世界一の美女をどうしても手に入れたかった
という理由から、トロイア戦争を引き起こし、国を滅ぼしました。とんだ厄介者です。

軽んじられた予言

パリスの母、トロイア王妃のヘカベは、妊婦だった頃、燃える松明を産む夢を見ました。夢占いをしてもらったところ、「生まれてくる子は、都市に大火と滅亡をもたらすだろう」と予言されます。そこで夫と相談し、運命を避けるため、赤ん坊をトロイアの近くの山に捨てることにしました。運命を避けることができると信じるなんて、ずいぶんと楽天的なものです。パリスは、羊飼いに育てられ、熊の乳を飲みながら、たくましい美男に成長しました。

パリスよパリス、
この世で一番美しいのは誰?

ある日、羊を放牧していたときのこと。パリスは、3人の美しい女神が、「最も美しい女性へ」と書かれた黄金のリンゴを手にするのは誰かと、言い争っているのを目にしました。女神たちは、パリスに審判を求めますが、それぞれがパリスを魅了する素晴らしい条件を出してくるので、迷ってしまいます。アプロディテ(P20)は、世界一の美女との結婚を、アテナ(P18)は戦争での勝利を約束し、ヘラ(P16)はアジアとヨーロッパでの支配をちらつかせました。パリスが選んだのはアプロディテで、他の2人は激怒し、「必ずや復讐してやる」と言い捨てました。

パリスこそ、トロイアの木馬

女神3人との一件から数週間後、パリスは、ある競技大会で才能と美貌を武器に勝ち抜きます。それを見た妹のカサンドラ(P97)が兄だと見抜き、両親も予言を忘れて再会を喜び、トロイアへ連れて帰ります(そもそも予言のために、パリスを捨てたはずですが……)。これは、取り返しのつかないあやまりでした。アプロディテのおかげで絶世の美女ヘレネ(P93)をさらうことができた彼は、自分のせいで10年にもおよぶトロイア戦争が起こるとは考えもしなかったのです。

死の矢

パリスは、トロイア戦争を引き越した張本人だというのに、都の防衛は兄のヘクトル(P94)に任せ、尻ぬぐいを押しつけました。しかし、アキレウス(P100)がヘクトルを倒し、その遺体を見せしめにすると、パリスは矢でアキレウスのかかとを射て命を奪います(P101)。これがこの戦争での、パリスの唯一のまともな行動でした。とは言え、矢を導いたのはアポロン(P22)ですが。そののち間もなく、パリス自身もヘラクレス(P70)の矢を受けて戦死します。ヘレネは、パリスの弟と再婚したという説もあります(#不実)。

メングス《パリスの審判》1757年、エルミタージュ美術館(ロシア、サンクトペテルブルク):トロイア独特のブリュギア帽をかぶったパリスは、黄金のリンゴをアプロディテに渡します。彼女の横にいるのはエロス(P44)。右には、選ばれずに憮然とした表情のヘラ。後ろには彼女のシンボル、クジャクが描かれています。貞潔なアテナは、無駄に全裸になったことに腹を立て、地面に置いておいた鎧を着て早くも報復しようとしています。トロイア戦争が勃発すると、アテナはギリシャ側に味方し、パリスに復讐しました。

父:トロイア王プリアモス
母:トロイア王妃ヘカベ
愛人／妻:ヘレネ(P93)

パリスを探せ

不和のリンゴ

「ディスコード(不和)のリンゴ」という言いまわしは、「争いの原因」を意味し、文字通り、女神ディスコルディア(エリス)が語源です。この女神はいつも争いごとを引き起こすので、アキレウスの両親の婚礼に招かれなかったところ、腹いせに婚礼の席に「最も美しい女性へ」と刻まれた黄金のリンゴを投げました。目論見は成功し、ヘラ、アプロディテ、アテナは言い争い、トロイア戦争の原因となりました。自らの務めを果たすという意味で、プロ意識の高い女神と言えるでしょう。

ヘレネ

ヘレナ／ヘレン

破滅を招いた絶世の美女

世界一の美女ヘレネ。その美しさは幼少の頃から抜きん出ていて、結婚できる年齢に達すると、
あらゆる王から求婚されました。スパルタ王メネラオス（P99）と結婚しますが、
パリス（P92）にさらわれます。これが原因となり、紀元前1180年にトロイア戦争が勃発するのです。

比類なき美

ヘレネの両親はゼウス（P12）とレダ（P64）。スパルタの王妃レダは、白鳥に化けた神々の王ゼウスに誘惑されました。ヘレネの美しさは誕生時から知れ渡り、成長する頃にはギリシャ中の王が彼女との結婚を熱望。求婚者たちは、「誰が選ばれようと、その男を助ける。たとえ戦争になっても」と誓いを立てました。

パリスとの一夜

ヘレネの義父テュンダレオスが、娘のために選んだのは、ミュケナイ王の後継者で大変裕福なメネラオスでした。しかし数年後、トロイア王子パリスが、世界一の美女と引き換えに、アプロディテ（P20）に黄金のリンゴを贈り、アプロディテは、絶世の美女と名高いヘレネの愛をパリスに贈りました。こうしてメネラオスのもとを訪ねたパリスは（メネラオスはクレタ島に出かけていました）、ヘレネと出会い、2人はひと目で恋に落ちました。愛の一夜を共にしたあと、パリスはヘレネをさらってトロイアへと連れていくという宿命的な過ちを犯します。

女性をかけて戦う

妻を奪われて屈辱感いっぱいのスパルタ王メネラオスは、自分を助けると誓った王たちに呼びかけて大軍を組織し、兄のアガメムノン（P98）に指揮を任せました。トロイアを破壊し、ヘレネを奪回するのが目的です。トロイア戦争と呼ばれるこの戦いは、史実と考えられますが、実に10年も続きました。メネラオスとパリスは一騎打ちに臨み、パリスは絶体絶命の中、アプロディテに助けられ、戦場から脱出します（#どこまでもずるい人）。

ウォルフガング・ペーターゼン監督『トロイ』（2004年）：オーランド・ブルーム、ダイアン・クルーガー出演。美貌という点では絶妙なキャスティング。10年のトロイア戦争が2日でおわってしまうが、見る価値はあり！

残念な最期

ギリシャ人がトロイアを占領すると、スパルタ王メネラオスは、ヘレネの息の根をとめて復讐しようと血眼で探しました。しかし、彼女の美しい姿を目にすると恋心が再燃し、スパルタへ連れて帰ることにします（#お人好し）。一方で、メネラオス亡きあとのヘレネは、戦争を引き起こした張本人として市民から憎まれ、町から追放されることに。ヘレネはロドス島に身を寄せますが、トロイア戦争で未亡人となった島の王妃にも憎まれ、王妃は、水浴中の彼女を溺れさせ、遺体を木に吊りさげるよう命じます。絶世の美女は、こうして残念な最期を遂げました。

戦争を
引き起こした
なんて、
大げさね

ローマ名：ヘレナ
父：ゼウス（P12）
母：スパルタ王妃レダ（P64）
夫：スパルタ王メネラオス（P99）
愛人：パリス（P92）、
デイポボス（パリスの弟）

ヘレネを探せ

ポワール・ベレーヌ

オッフェンバックの喜劇オペレッタ『美しきエレーヌ』（1864年）は、大変な人気を博し、ヨーロッパ中の話題をさらいました。のちに偉大な料理人となる若き日のエスコフィエは、これに便乗してオリジナルレシピ「ポワール・ベレーヌ（美しきエレーヌの洋梨）」を考案します。丸ごとの洋梨にチョコレートソースをかけ、バニラアイスクリームを添えたデザートで、オペレッタとの関係は定かではありませんが、美味であることは確かです。フランス語で洋梨は「間抜け」の意もあるので、ヘレネでなくメネラオスの方があっているかもしれません。

#セクシー

ヘクトル

ヘクトル／ヘクター

身を挺してトロイアを守った王子

ギリシャ神話には珍しく、誰もが認める真の英雄にして模範的な夫、息子、父、市民。
味方からも敵からも尊敬され、親しまれました。

カステッリ《トロイアの西門でヘクトルをとめるアンドロマケ》1811年、ブレラ美術館（ミラノ）：ヘクトルは家族を愛しながらも、妻に息子を返して、自分の務めを果たしに戦さに向かいました。

迷惑な弟

ヘクトルはパリス（P92）の兄ですが、弟とは違い、父プリアモスの後継者となるべくトロイアで育てられました。しっかりしていて責任感もあり、パリスがヘレネ（P93）を連れ帰ったときも、その行動を正当に批判し、「ヘレネを夫のもとに送り返すのが筋だ。さもなければ、トロイア全体が戦さに巻きこまれるだろう」と言い聞かせました。その努力が報われなかったことは、言うまでもありません。

トロイアの城壁

ギリシャでは、「ヘクトルが生きている限りトロイアは陥落しない」という神託がくだります。そのため、戦いが勃発するごとに全軍がヘクトルを狙い撃ちしますが、ヘクトルは9年もの間攻撃に抵抗し、籠城を生き延びました。無敵のアキレウス（P100）だと思いこみ、その従兄弟パトロクロスと対決して倒したときには、アキレウスの鎧（よろい）を着けて愛する妻のもとに凱旋しました。

強い責任感

親友であり、従兄弟のパトロクロスが、ヘクトルに倒されたと知ったアキレウスは、ひどく激高します。もちろんヘクトルは、アキレウスが自分の命を狙って復讐してくるだろうと予想していました。ヘクトルの妻アンドロマケ（P96）は、夫を深く愛し、城門から出ていく夫を捕まえ、息子を目の前に差し出し、かわいそうな坊やを孤児にしないように懇願します。ヘクトルは、ゼウス（P12）が自分を見捨て、力が失われていくのを感じていましたが、責任感の強さが恐怖と動揺に打ち勝ち、戦いへとおもむきます。

あれ……、
相手を
まちがえたかも！

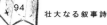

勇気さえも失って

アキレウスとの戦いは、2人の勇者の対決となりました。しかし、アキレウスを目にしたヘクトルは、超自然の恐怖心にかられ、両親の叱咤激励にもかかわらず相手に背を向けて、トロイアの城壁を3周も逃げまわりました。かつてパリスからリンゴをもらえなかったアテナ（P18）は、ギリシャに味方し、ヘクトルの弟に変身して援護を約束すると、彼を戦場に連れ戻します。そして、ヘクトルがアキレウスと対峙した途端、アテナは彼を見捨てたため、アキレウスはヘクトルを倒すことができました。

辱めを受けた遺体

アキレウスは、ヘクトルを倒してもパトロクロスを失った怒りは収まらず、遺体を戦車にくくりつけて町を3周し、トロイア市民への見せしめとしました。翌日もその翌日もこれを繰り返し、1週間続けましたが、ついにヘクトルの老父プリアモスが、ヘルメス（P24）に導かれてやってきて、「英雄にふさわしく埋葬したいので遺体を返してほしい」と頼みます。さすがのアキレウスも不憫に思い、また英雄へのあまりの仕打ちに怒る神々の圧力に屈し、願いを聞き入れました。

縦列駐車が
できない

マッチ《アキレウスの勝利》1882年、アキレイオン宮殿（ギリシャ、ケルキラ島）

ヘクトルを探せ

トランプ

ヘクトルは中世には理想的騎士とされました。中世のベストセラー、ジャック・ド・ロンギヨンの『クジャクの誓い』（1312年）にも、9人の主人公の1人として登場します。この9人の勇者は、騎士の非の打ちどころのない美徳を体現していて、その約70年後の1381年に発売された初期のトランプでは、男性キャラクターに騎士たちの名前がつけられました。現在でも、フランスのトランプのダイヤの従者は、ヘクトルと呼ばれています。

詩の傑作

16世紀フランスの大詩人ジョアシャン・デュ・ベレーは、ローマで古代遺跡とその栄光が草に埋もれ忘れ去られているのを目にし、胸を締めつけられ、素晴らしい詩を書きあげました。その中でヘクトルの戦いに言及し、かつては強者に震えあがった凡人が、強者が力を失うや、これを踏みにじると、韻を踏んだ美文で指摘しています。

ローマ名：ヘクトル

語源：支える者

愛称：コリタイオロス（「素晴らしい兜」
　　　つまりアポロン〔P22〕からの贈り物）、
　　　トロイアの城壁

父：トロイア王プリアモス

母：トロイア王妃ヘカベ

妻：アンドロマケ（P96）

トロイア

アテナイ

アンドロマケ

アンドロマケ／アンドロマケ

夫は目の前でアキレウス（P100）に殺され、息子はアキレウスの息子ネオプトレモスに殺され、
しかもネオプトレモスにさらわれて奴隷にされたアンドロマケ。
しかし運命に打ちのめされることなく、逆転勝ちを果たします（#リベンジ）。

恋は（たいてい）悲しい結末

ヘクトル（P94）とアンドロマケは、トロイアきってのおしどり夫婦。美男美女で、愛しあっていて、徳も高く、誰もがうらやむ睦まじさでした（#ケイト＆ウィリアム）。しかしヘクトルは、トロイア戦争で9年間戦い抜いたのち、アキレウスとの一騎打ちに臨みます。絶望したアンドロマケは、幼い息子を差し出し、何とか引きとめようとしますが、心のどこかで夫は義務に忠実に従うだろうと思ってもいました。おののくアンドロマケの目の前で、愛する夫はアキレウスに倒され、追い打ちをかけるように遺体が辱められました。

王子の妃から奴隷へ

トロイアが陥落すると、アンドロマケは最悪の事態に見舞われます。目の前で、アキレウスの息子ネオプトレモスが、懇願する義父トロイア王プリアモスを殺し、義妹ポリュクセネの喉をかき切り、そして我が子を城壁から投げ出したのです。しかも憎んでも憎み切れないその男の奴隷にされたのですから、悪夢の連続と言ってもいいでしょう。

なんかいろいろとツイていない気がする

うーん……

語源：男を倒す女
父：小アジアのテーベー王エエティオン
夫：ヘクトル（P94）、ネオプトレモス（アキレウス〔P100〕の息子）
息子：アステュアナクス（父ヘクトル）、モロッソス、ピエロス、ペルガモス（父ネオプトレモス）

危険な犬、モロッセ

アンドロマケとネオプトレモスの長男の名はモロッソス。犬の名前っぽいでしょうか。モロッソスが、エペイロス女王となった母の跡を継いで国王に即位すると、この地域のギリシャ系の人々はモロッソス人と自認するようになります（アレクサンドロス大王の母、オリュンピアスもモロッソス人）。また、モロッソス人の闘犬用の犬はよく知られていて、ウェルギリウスも『農耕詩』の中で言及しています。そこから派生し、現在ではモロッセと言えば「危険な犬」を意味するようになりました。

レイトン《囚われのアンドロマケ》1888年、マンチェスター市立美術館（マンチェスター）：中央のアンドロマケは、国王の息子である夫の喪に服しています。

片思いの連鎖

運命が罰をくだしたのでしょうか、粗野なネオプトレモスは、奴隷であるはずのアンドロマケに恋し、2人の力関係は逆転します。こうして、ギリシャ軍司令官アガメムノン（P98）の息子オレステス（P150）は、ネオプトレモスの妻ヘルミオネ（ネオプトレモスの従姉妹で、ヘレネ〔P93〕とメネラオス〔P99〕の娘）が好き、でもヘルミオネは夫ネオプトレモスが好き、でもネオプトレモスはアンドロマケが好き、でもアンドロマケは見向きもしないという片思いの連鎖ができあがりました。

奴隷から王妃へ

ネオプトレモスの妻ヘルミオネは、子供ができず、アンドロマケに嫉妬の炎を燃やしていました。1つは、自分の好きな夫がアンドロマケを愛していること、もう1つは、夫とアンドロマケの間には子供が3人もいることが原因でした。嫉妬に狂うのも無理はありません。彼女は、アンドロマケが自分に子供ができないよう呪いをかけたと非難し、亡き者にしようとしました（#激高）。しかしアンドロマケは、アキレウスの父ペレウスに助けられ、ヘルミオネは怒りを夫に向け、自分のことを好きなオレステスをけしかけて殺させました。その結果、オレステスが王位継承者となったのです。

『アンドロマック』

1667年に刊行された悲劇作家ラシーヌの『アンドロマック』は、350年も愛読される名作。ネオプトレモス（ピリュス）の性格はずいぶんと優しくなっていて、アンドロマケ（アンドロマック）の息子を殺すどころか、彼女を愛するあまり、息子の命を奪おうとするオレステス（オレスト）にあらがって、アテナイと対峙したほどです。アンドロマケは息子を守るために、ネオプトレモスとの結婚を承諾しますが、結婚したら自害しようと決めていました。しかし、結婚後すぐに、オレステスがネオプトレモスを殺し、寡婦となったアンドロマケは、エペイロス（エピロス）王国の女王となります（#絶妙のタイミング）。

カサンドラ

カサンドラ／カサンドラ

誰からも信じてもらえなかった予言者

トロイア王プリアモスの娘として生まれますが、アポロン（P22）から未来を予言する能力を
授かりながら、誰にも信じてもらえない呪いをかけられました。
ギリシャ神話の中でも、最悪の運命をたどった女性です。

口の中につばを吐く

トロイア王プリアモスの王女の中で際立って愛らしいカサンドラは、「黄金のアプロディテ（P20）のように美しい」と評判で、神々の中で最高の美男アポロンから恋心を寄せられます。予言の力を持つアポロンは、カサンドラに自分を愛してくれたら予知能力を授けると持ちかけます。あまり利口とは言えない彼女は、約束を守る段階になり、やはりいやだと言い、怒ったアポロンは嘘をついたと彼女の口の中につばを吐きました。そのため、カサンドラは予知能力を持ちながら、決して信じてもらえない運命をたどることになりました。

ショック！

だから言ったでしょ！

カサンドラはせっかくの能力を持ちながら、誰からも信じてもらえません。大切な人に危機が迫っていても、手をこまねいて見ているしかないのです。トロイア戦争では、兵士が入っているとも知らず木馬を町に入れようと、みなが躍起になっている横で、カサンドラだけが「そんなことをしたら、トロイアが破壊される」と警告しますが、逆に黙るようおどされます。トロイア人たちは、木馬を引き入れ、予言通り町は全滅……。だから言ったでしょ！

ド・モーガン《カサンドラ》（部分）1898年、ド・モーガン・コレクション（イギリス、ギルドフォード）：炎に包まれるトロイアの前で、炎色の髪を引っ張るカサンドラ。

侮辱され、傷つけられ、虐げられ（それでも自由になれない）

トロイアで虐殺が繰り広げられている間、カサンドラはアテナ（P18）が作った彫像にしがみつきますが、その足元で凌辱されます（アテナはその男を溺れさせて復讐してくれましたが）。家族全員を虐殺された彼女は、身も心もボロボロとなり、ギリシャ軍を率いるミュケナイ王アガメムノン（P98）の戦利品になりさがります。意外なことに2人は、互いに好意を持ち、2人の子供を設け、ミュケナイへと向かいました。

目を閉じてれば、それほど悪く見えないわよ

死によって得た自由

ミュケナイへ向かう途中、カサンドラはアガメムノンに、「自分たちが到着したらあなたは殺されるだろう」と伝えます。しかし、いつものごとく信じてもらえませんでした。予言は現実のものとなり、アガメムノンの妻クリュタイムネストラ（P64）は、トロイアへ戦いに行くために娘のイピゲネイアを生贄にした夫を恨み（P26）、愛人アイギストスをけしかけて殺させました。そして自分は、カサンドラの喉をかき切りました。それまで不幸続きだったカサンドラは、死によって解放されたのでした。

カサンドラを探せ

カサンドラ症候群

哲学者ガストン・バシュラールの唱えたカサンドラ症候群とは、「正当な危機の兆候から目をそらす心理」を指しています。これとは矛盾するようですが、フランスでは、耳をふさぎたくなるようなことを言えば「縁起が悪い人」と呼ばれ、誰も自分の話を聞いてくれないと不満を漏らせば「カサンドラを気取るのはやめなさい」と言われます。けれどもカサンドラの言葉をこば

む者は、実は、彼女はいつも正しいということを忘れています（#神話を復習しよう）。

3200年後に金融危機がギリシャを襲うでしょう

ハイ、ハイ

ローマ名：カサンドラ
愛称：アレクサンドラ（「人々を守る女」）
父：トロイア王プリアモス
母：トロイア王妃ヘカベ
夫：アガメムノン（P98）

アガメムノン

アガメムノン／アガメムノン

軍を率いてトロイアを攻めたミュケナイ王

メネラオス (P99) の兄で、オデュッセウス (P104) の友人アガメムノンは、
トロイア戦争ではギリシャ軍を率いました。けれども、紛争を解決するというより
争いを引き起こすような人物で、その名の通り (P99)、ひどく強情な性格でした。

親子共にろくでなし

アガメムノンの一族には殺人と呪いがいっぱい。何しろ、先祖のタンタロス (P136) は、実の息子を殺して神々の食事に供し (P136)、父アトレウスも妻を寝取った弟を招待して彼の実子たちの肉を食べさせ、妻を殺したのです (#家族の伝統)。アトレウスの弟は復讐しようと、実の娘を犯してきた息子アイギストスに兄を殺させました。アガメムノンも、こんな家族に育てられたら、どこか狂っていて当然です。

先祖代々の
肖像画
ギャラリー

ダヴィッド《アキレウスの怒り》(部分) 1819年、キンベル美術館 (アメリカ、フォートワース)：アガメムノンは、娘イピゲネイアをアキレウスと結婚させると妻に嘘をついて連れ出しますが、実はトロイア戦争へ向かうための生贄にするつもりでした。左の人物は、彼の真意を聞いて憤慨するアキレウス (P100)。

子供でも容赦しない

アガメムノンは常軌を逸した人物でしたが、尋常ではない幼少期を送ったことを考えると当然かもしれません。彼は、レダ (P64) の娘で、従兄弟タンタロス〔祖先のタンタロスとは別人〕の妻クリュタイムネストラ (P64) に言い寄り、平然とタンタロスと生まれたばかりの赤ん坊を消します。クリュタイムネストラは、不本意ながらもアガメムノンとの間に4人の子を設けますが、娘のイピゲネイアをアルテミス (P26) への生贄にされたときは、必ずや夫に復讐すると誓いました。

アガメムノンを探せ

「アガメムノンのマスク」

かの考古学者シュリーマンは1871年に、トロイア戦争跡地を発見し、伝説が事実であったことを証明します。さらにアガメムノンの治めたミュケナイを調査し発掘して、アガメムノンの遺体を発見したとし、葬儀用の黄金仮面を公表しました。のちにこの黄金仮面は、トロイア戦争の350年ほど前に作られたものだと判明しましたが、それでも「アガメムノンのマスク」と呼ばれ続けています。

トロイアを炎の海にするためにすべてを燃やす

アガメムノンは、弟メネラオスに「お前の美しい妻ヘレネ (P93) のことでトラブルがあったら、俺が手を貸してやろう」と約束しました。のちにトロイア王子パリス (P92) がヘレネを連れ去ると、アガメムノンはトロイア攻撃に向けて軍を編成します。しかし以前、狩りで立派な鹿をしとめたときに、「アルテミスだってこれほどの腕前ではないだろう」と、うそぶいたことがあるため、腹を立てていたアルテミスは、艦隊が出航できないように風を吹かせて足どめしました。アガメムノンは、実の娘イピゲネイアを炎の上で生贄にし、アルテミスの怒りを解き、風をやませました。攻撃を受けたトロイアは、パリスのせいで長い戦争に悩まされることになります。

「アガメムノンのマスク」と呼ばれる黄金仮面。紀元前1500年頃、アテネ国立考古学博物館 (アテネ)

前後の見境がない

アガメムノンは、司令官としてはあまりに血気盛んで (血を見るのが好き?)、アポロンの神官の懇願にもかかわらず、その娘クリュセイスを奪ったため、アポロンの怒りを買ってギリシャ軍は疫病に悩まされました。オデュッセウスが間に入ってクリュセイスを返しますが、今度はアキレウスの愛していた捕虜ブリセイスを奪います。アキレウスは激怒し、戦いをボイコットして、ゼウス (P12) にギリシャ軍の敗北を願います。こんな前後の見境のない司令官のために、多くの死者が出たのです。

おかえり!

トロイア攻略後、アガメムノンはトロイア王プリアモスの美しい娘カサンドラ (P97) を捕虜にします。彼女は予知能力を持ちながらも誰からも信じてもらえず、アガメムノンにも妻クリュタイムネストラに用心するように警告しますが、聞き入れられませんでした。彼は、妻とその愛人が、自分の命を狙っているなどとはつゆほども知らず、ミュケナイに帰還します。こうしてアトレウス一族の呪いは、彼の息子オレステス (P150) へと受け継がれ、7年後、オレステスは、母とその愛人を亡き者にします。悪循環!

メネラオス

メネラウス／メネラウス

ヘレナを溺愛したスパルタ王

兄アガメムノン（P98）と違い、メネラオスは妻を奪われた上、
いろいろな人から利用された気の毒な人物でした。

昔、昔

メネラオスの人生は、むしろ順調満帆でした。たくさんのライバルを押しのけ、ギリシャーの美女と謳われるスパルタ王女ヘレネ（P93）を手に入れ、結婚レースに破れたライバルたちが、ヘレネが原因でメネラオスがトラブルに巻きこまれたら必ず助けると約束し、スパルタ王に即位したのですから。幸運な果報者だったのです。2人はスパルタで幸せに暮らし、たくさんの子供たち（正確には3人）を授かりました。けれどもこれは、波乱の生涯のはじまりでした。

妻を奪われる

ある日、メネラオスのもとに、若くて美男のトロイア王子パリス（P92）が訪れました。メネラオスは知らなかったのですが、パリスはアプロディテ（P20）から、世界一の美女ヘレネが恋するよう約束を取りつけていたのです。タイミングの悪いことに、メネラオスは祖父であるクレタ王の葬儀に行かなければならず、パリスはまんまとヘレネを誘拐し、トロイアへ連れ去りました。メネラオスは絶望し、自分に助けの手を差し伸べると誓ったかつてのライバルたちを集め、軍を招集して兄アガメムノンを司令官に任命しました。

《パトロクロスの体を支えるメネラオス》1世紀ローマの複製、オリジナルは紀元前3世紀ギリシャ、ロッジア・ディ・ランツィ（フィレンツェ）

メネラオスを探せ

オッフェンバックのオペレッタ

寝取られ男のメネラオスが、19世紀の喜劇の格好の題材になったのは、当然と言えるかもしれません。当時の喜劇では、「伴侶を他の誰かと共有する者」をこっぴどく嘲笑するのが流行だったのです。オッフェンバックの喜劇オペレッタ『美しきエレーヌ』のメネラオスは、大変なお人好しで、アガメムノンと占い師カルカスに「ギリシャのために犠牲になってくれ」とまで言われます。もう少し敬意を払ってもいいと思うのですが……。

『美しきエレーヌ』のミシャル・ブラッスール（メネラオス）とジュリエット・シモン＝ジラール（エレーヌ）、1900年2月、『ル・テアトル』誌の表紙に掲載された写真。

アガメムノン
語源：頑固、執念
父：ミュケナイ王アトレウス
母：クレタ王女アエロペ

メネラオス
語源：民の支え
父：ミュケナイ王アトレウス
母：クレタ王女アエロペ

不公平な決闘

トロイアへ到着したメネラオスは、パリスを倒そうと血眼になって探します。戦いの最中のあるとき、臆病なパリスは、兄で英雄のヘクトル（P94）のもとに身を隠しますが、ヘクトルは弟を戦場へと押し戻しました。こうしてヘレネをめぐる決闘が行われることになり、トロイア戦争に決着がつくはずでした。しかし、メネラオスがあと1歩で勝利というところで、アプロディテはパリスを救い出します。これでは決闘になりません。

#これにてドロン

できすぎ

お人好しで存在感の薄いメネラオスですが、トロイア戦争を通して誠実（例えば、パトロクロスの遺体を守って回収）であり、寛大（ゲームで不正行為を働いた相手を許し、賞までゆずったとも）であり続けました。根が優しすぎるのでしょう。自分をギリシャ国民の前で10年にもわたり侮辱し、トロイア戦争を引き起こしたヘレネを見つけたときも、許してスパルタに連れて帰りました。しかも、他の勝利者たちのように、女性を戦争奴隷としなかったというのですから、見あげたものです。

アキレウス

アキレス／アキリーズ

かかとが弱点の最強戦士

一大叙事詩『イリアス』の主人公にして、トロイア戦勝の功労者であり、最強の戦士（かかと以外は）。

ほら、あの娘、剣を選んだぞ ありゃ、絶対に男だ

アルグノフ《オデュッセウスに見破られるアキレウス》1799年、オスタンキノ宮殿美術館（モスクワ）：少女に変装したアキレウスは、商人になりすましたオデュッセウスに、他の王女たちのように宝石ではなく剣と盾を希望し、正体を見破られてしまいます。

アキレウスのかかと

アキレウスはテティスの息子。テティスは、オリュンポスから投げ捨てられたヘパイストス（P28）を救い、育てあげた海のニンフ〔自然界に現れる女性の姿をした精霊〕です。テティスは、息子の命を永遠に保ちたいと望み、冥界に流れるステュクス川〔この世とあの世を分ける川〕に息子を浸しに行きます。息子のかかとを持ってできる限り水に浸したので、かかとが彼の唯一にして最大の弱点になりました。テティス

は、ケンタウロス族の賢人ケイロン（P123）に教育を任せ、ヘパイストスに今まで見たこともないような立派な武具を頼みます。こうしてアキレウスは無敵となったのです。

ほら、息をとめて！

#ベビースイマー

金髪が赤毛に……

トロイア戦争が勃発すると、ギリシャ人たちは、金髪のアキレウスなくして勝利はありえないという神託を受けます。母テティスは、我が子を守りたい一心で、アキレウスに女の子の格好をさせ、王リュコメデスの王女たちのもとに隠しました。愛称は「赤毛の女の子」でした。あるとき、オデュッセウス（P104）が、アキレウスを探しにやってきます。知恵の働くオデュッセウスは、商人のふりをして王女たちに宝石を贈りますが、アキレウスだけは剣と盾を欲しがり、正体を見破られてしまいました。

怖いものなしの最強戦士

アキレウスは、若くても自尊心だけは1人前。小さい頃から、平凡な人生を長々と生きるよりも、短くても栄光に満ちた人生を歩もうと決めていました。トロイア戦争で、ギリシャ軍司令官アガメムノン（P98）に、女捕虜ブリセイスを奪われて侮辱を受けたときは（しかもアキレウスは彼女に恋していたのです）、怒り心頭に達しました。その怒りの激しさは、伝説として残るほどで、『イリアス』の縦糸ともなっています。戦闘をボイコットするだけでなく、ゼウス（P12）にギリシャの敗北を祈りました。

パトロクロスの死

アキレウス不在のギリシャ軍は敗北を重ね、オデュッセウスをはじめとする王たちは、彼にどうか戦場に戻ってほしいと頼みますが、アキレウスは決して首を縦に振りませんでした。しかし、父ペレウスからゆずられた武具を従兄弟で親友のパトロクロスに貸すことには承知しました。武装したパトロクロスをアキレウスだとトロイア軍に思いこませる戦略です。首尾よくいったように見えましたが、パトロクロスは、アキレウスとの約束に背いて隊列を離れてしまい、トロイア軍司令官ヘクトル（P94）に殺され、武具まで奪われてしまいます。

きっとアキレウスだと思いこむよ

そう思う？

アキレウスを探せ

ネットフリックス

1900年以降、アキレウスについて、実に150もの映画やテレビドラマが作られてきました。2018年には『イリアス』を原作にしたネットフリックスとBBC制作の『トロイ伝説：ある都市の陥落』が放送されましたが、アキレウスは、ホメロスが描いたような「燃えるような金髪の」戦士ではなく、アフリカ人という設定。これは歴史的にも地理的にも文学的にもあやまりで、女の子に扮したアキレウスがなぜ「ピュラ（赤毛）」と呼ばれるかの説明もつきません。

アキレス腱

アキレウスと言えば、アキレス腱。ここが切れるととても痛く、アキレウスの苦しみのほどがしのばれます。アキレウスは、ギリシャでは神にも等しい存在で、彼に捧げられた神殿もありますが、これは神ではない人物としては極めて珍しい例です。オーストリア＝ハンガリー帝国皇后エリザベート（シシィ）は、ケルキラ島（コルフ島）の別荘を「アキレイオン」と呼んでいました。

死んでも怒りは収まらず

親友であり従兄弟のパトロクロスの死に、アキレウスの憤怒は頂点に達しました。それまで戦いをボイコットしてきたアキレウスを突き動かした唯一の力が、この憤怒でした。敵の司令官ヘクトルを追いつめて命を奪い、その遺体を戦車にくくりつけ、トロイア城壁を3周して見せしめにしました。翌日になっても怒りは収まらず、トロイアの12人の囚人を、パトロクロスの火葬台の上で火刑に処し、さらにまたヘクトルの遺体を3周引きずりまわしました。トロイア中がこの虐殺に戦慄し、神々は英雄の遺体へのあまりの仕打ちに立腹します。そのためアキレウスは譲歩し、埋葬を希望する彼の父に遺体を返還しました。

弱点はかかと

トロイア軍司令官ヘクトルの死は、アキレウスの死とトロイアの陥落という2つの結果を招くとの予言は、現実となりました。ヘクトルの弟パリス（P92）は、アポロン（P22）の助けを借りて矢を放ち、アキレウスの唯一の弱点であるかかとを射抜き、兄の仇を討ちました。その後、10年間トロイアを包囲したギリシャ軍は、撤退すると見せかけ、木馬を送りこむ……結果は誰もが知る通りです。

ブラッド、私をさらって！

ヴォルフガング・ペーターゼン監督『トロイ』（2004年）のブラッド・ピット。金髪で美男のアキレウスそのもの。

ローマ名：アキレス
語源：戦士に悲しみをもたらす者（？）
愛称：赤毛の娘
父：ミュルミドン王ペレウス
母：テティス（海のニンフ）

アイアス

アヤックス／エイジャックス

『イリアス』で活躍した屈強のギリシャ戦士

粗野で執念深いアイアスは、アキレウス（P100）ほどの戦闘力も、オデュッセウス（P104）ほどの知恵も
ありませんでしたが、トロイア戦争で活躍した最強戦士の1人であることは事実。彼の戦歴を知れば、
アムステルダムのサッカーチームがアヤックスという名なのもうなずけるでしょう。

NEW AJAX LIQUID. BECAUSE YOU DON'T WANT HIM TO SPEND ALL HIS TIME CLEANING.

NEW ADVANCED FORMULA AJAX LIQUID
CLEANS SURFACES WITHOUT RINSING,
TO GIVE YOU A GREAT SHINE IN LESS TIME.

YOUR NEW FORMULA FOR A GREAT SHINE WITHOUT RINSING

家庭用洗剤エイジャックスの広告、1960年、イギリス

アスリート体型

サラミス王アイアスは、並外れた偉丈夫
で、籠城していたトロイア兵も城壁の上
からすぐに見分けがついたほどだったと
か。トロイア戦争中は、一度として負傷せ
ず、敵方の英雄ヘクトル（P94）と一騎打
ちしますが、あと1歩のところで、ゼウス
（P12）がヘクトルを雲に包んでかばいまし
た。騎士精神あふれるアイアスは、これで
引き分けと宣言し、ヘクトル
と武器を交換し（サッカ
ー選手同士が試合のあ
とでユニフォームを交
換するように）、剣を
受け取りました。

オデュッセウスに負ける

ライバルのアキレウスが、唯一の弱点かか
とを射られて落命すると、アイアスは戦
場から彼の遺体を持ち帰りました。最強
の戦士でアキレウスのよきライバルでも
あった彼は、ヘパイストス（P28）のあつ
らえた武器をゆずり受ける権利を主張し
ますが、オデュッセウスが異を唱え、トロ
イア人捕虜が裁定することになりました。
　捕虜からすれば、最も恐るべき
戦士は最も悪賢いオデュ
ッセウス。オデュッセ
ウスは武器を得、アイ
アスは格下と見なさ
れました。

ローマ名：アヤックス
愛称：アカイアの城壁
父：テラモン
　　（アルゴ号〔P77〕乗組員）
曽祖父：ゼウス（P12。異論もあるが）

アイアス 45

ヘクトル 44

アイアスを探せ

家庭用洗剤

コルゲート・パーモリーブ社は、最強のアイアスにあやかり、1947年発売の家庭用洗剤をエイジャックスと命名。キャッチコピーは「汚れよりも強力!」。誰よりも強く、無敵で、倒せる者がいるとしたら、アイアス自身だろうと言われていたほどですから(そして実際にそうなったのですが)、絶妙のネーミングです。ヘクトルと一騎打ちした彼にしてみれば、家庭の汚れなどお手のものでしょう。

サッカー

1世紀以上も前から、オランダのアムステルダムを本拠地とするサッカーチームのアヤックスは、ロゴに兜をかぶったアイアスを掲げています。ネーミングは1894年にさかのぼりますが、当時の選手たちは教養があったのでしょう。今ではテラモンの息子アイアスを知らなくても、アヤックス・アムステルダムなら知っているという人の方が多いですが、名選手リベリの言うように、「逆転勝ちはあっという間にやってくる」のかもしれません。

アテナイ人による同化

アイアスはサラミス〔サラミナの古称〕島を統治していたため、彼に捧げられた神殿や像、祭がありました。紀元前480年にこの島を占領したアテナイ人はアイアスを取り入れようと、アイアコスを彼の祖父、そしてアキレウスを従兄弟とした上で、歴史家トゥキディデスや政治家アルキビアデスなど、アテナイの偉人たちを、アイアスの末裔だと主張しました。

デミン《アイアス》(部分)19世紀、チヴィコ美術館(イタリア、ベッルーノ):アイアスは、トロイア人たちが自分よりもオデュッセウスを恐れ、アキレウスの武器の権利を与えたため、気を悪くしました。

羊の大量虐殺

敗北して正気を失ったアイアスは、本来は自分のものになるはずのアキレウスの武器を横取りした知恵者オデュッセウスに我慢がなりませんでした。彼は逆上してテントから出、仲間であるはずのギリシャ軍の司令官全員を殺そうとします。幸いなことに、アテナ(P18)が彼を錯乱させ、羊を司令官だと思いこませたため、彼は片端から羊たちの首をかき切りますが、正気に戻って何が起こったかを悟ると、ヘクトルからゆずり受けた剣で自らの命を断ちました。英雄の末路としてはわびしい限りです。

こんなに
殺しちゃって、
どうすればいいの?

こうしてケバブはできた

執念深い

アイアスの埋葬はなかなかの難題です。自分たちを殺そうとした英雄をどのように葬るべきか、ギリシャの司令官たちは埋葬を拒否しますが、根に持たない性格のオデュッセウスが彼らを説得して、アイアスを弔いました。のちにオデュッセウスが冥界を訪れた際、アイアスは言葉をかけるのをこばみ、根拠のない執念深さを見せたのは、皮肉という他ありません(#お門違い)。家庭用洗剤エイジャックスのコピー「家庭用洗剤エイジャックスは、何でもきれいにします」には、古い逆恨みは入らないようです。

オデュッセウス

ウリクセス／ユリシーズ

名作『オデュッセイア』の英雄

ギリシャ神話の英雄と言えば、オデュッセウス。策略家で、トロイア戦争の勇者で、賢くて、
アテナ（P18）のお気に入り。英雄としての名声は、他の追随を許さず、
その死をもって英雄時代がおわりを告げたと言っても過言ではないでしょう。
トロイア戦争で10年戦い、さらに10年かけて妻ペネロペと息子テレマコスとの再会を果たしました。

ベリー《セイレン》1867年、サン・トメール市立美術館（フランス、サン・トメール）：この作品でベリーは、構図はアングルを参考にし、人魚はルーベンスを参考にしています（ルーヴル美術館収蔵《マリー・ド・メディシスのマルセイユ上陸》の人魚と同じ）。1867年のサロンに出展しましたが、批評家からは酷評を受けます。ナポレオン3世が購入し、サン・トメールの町に寄贈したのが、せめてもの救いでした。

トロイア戦争へ

小さなイタケ島を治めていたオデュッセウスは、妻ペネロペと幼い息子テレマコスを心から愛していました。メネラオス（P99）が、妻のヘレネ（P93）をパリス（P92）にさらわれ、かつての約束通り、トロイア戦争に参戦してヘレネの奪回を手伝ってほしいと頼んできたときにも、気がふれたふりをし、何とかかかわそうとします。畑に塩をまいて狂気を装いますが、息子を鋤の前に差し出され、とっさによけたため、たくらみがバレてしまいました。

ギリシャ軍きっての切れ者

トロイア戦争の名だたる英雄の中で、オデュッセウスの能力は群を抜いていて、しかも他のギリシャの司令官たちが口論になっても、どちらかに味方することなく仲裁に入ったため、誰からも信頼され、いさかいのたびに呼ばれていました。特に、トロイア人を打ち負かしたときの木馬の戦略は有名です。トロイア人も、ギリシャ軍きっての切れ者で、恐るべき敵と恐れていたため、自尊心の高いアイアス（P102）を激怒させたほどです。

トロイの木馬

トロイア戦争は、10年も続き、国に帰って家族に会いたくてたまらないオデュッセウスは、何とか決着をつけようと、天才的な作戦を考え出します。巨大な木馬を作らせ、兵士たちと中に入り、全軍に退却するふりをするよう命じました。トロイア人たちは、ころりとだまされ、城壁下に置かれたこの木馬を神に捧げれば勝利を手にできると信じ、町に引き入れました。その途端、なかからギリシャ兵が出てきて襲撃を開始し、トロイアは陥落。ギリシャ軍に勝利がもたらされました。

サービス商品
兵士入り木馬！

『オデュッセイア』とは、『イリアス』で語られたトロイア戦争後のオデュッセウスの冒険譚。
最も偉大なる文学作品の1つに数えられます。
ヨーロッパ文明の礎を築いた詩であり、非常に重要な意味を持っています。

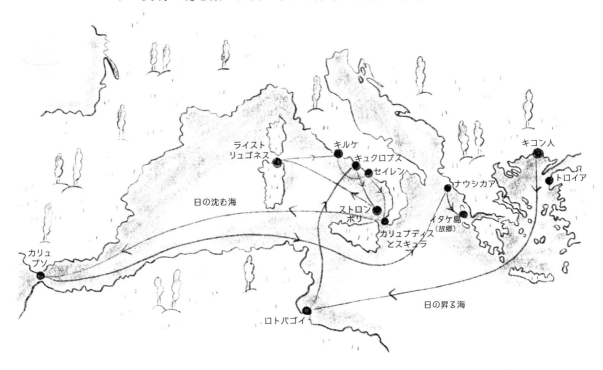

第1章

意外にしぶといキコン人

トロイア戦争がようやく終結すると、オデュッセウスは、大喜びで12隻からなる艦隊に乗りこみ、イタケ島を目指します。途中、トロイアの同盟国キコン島に寄り、島民を略奪し殺害しました。いかにも古代ギリシャらしい旅行です。略奪品と女性を分配し、仕返しを恐れて再び出航しようとしますが、仲間たちは当然「羽を伸ばし、お祭り騒ぎをしたい」と言い出します。これがまちがいのもとで、生き残った島民たちが援軍と共にやってきて、オデュッセウスは、捕虜と60人ほどの仲間を砂浜に残したまま、出航せざるをえませんでした。残された兵士たちが殺されたのは言うまでもないでしょう。

第2章

ロトスの実

キコンを脱したオデュッセウスと残りの仲間は、大嵐に遭い、アフリカへと流されます。流された先のロトパゴイの人々は人懐っこいものの、ロトスという実だけ食べて生きていました。ロトスの実を食べると忘れっぽくなり、気力を奪われてしまいます。危険に気づいたオデュッセウスは、ロトスを食べた仲間たちを無理やり船に乗せ、再び出航しました。

バカンスのお土産！

ぐったり……

第3章
エピソード1

ポリュペモスのおもてなし

オデュッセウスと仲間たちは、食べものを補給するために隻眼(せきがん)の巨人キュクロプスの島へ。12名の仲間と共に、ポリュペモスという巨人を訪ねますが、洞穴に閉じこめられてしまいます。巨人は山のごとく重い岩で洞穴をふさぎ、仲間のうち2人の頭を潰して食べると、おなかいっぱいになったのか眠りこみました。まるで悪夢ですが、重い岩はポリュペモスにしか動かせず、オデュッセウスは寝こみを襲うこともできませんでした。

トン、トン！
どなた？

愚か者の夕食

ウーティスにやられたんだ
＝誰にもやられていない

そうそう、
ほら、飲んで

朝ごはん

第3章
エピソード2

ポリュペモスを酔わせる

オデュッセウスは、茫然としたまま、巨人が起きるのを待ちました。目を覚ましたポリュペモスは、さらに2人の仲間も食べ（朝からすごい食欲！）、羊を牧場へ連れていきました。その隙にオデュッセウスは、杭を研いで隠し、巨人と羊たちが戻ってくると、夕食にぶどう酒をすすめました（そこでまた2人の仲間が犠牲に）。泥酔したポリュペモスは、ぶどう酒をくれたウーティス（オデュッセウスが自分を指して言った名前、「誰でもない」の意）に気をよくしました。

第3章
エピソード3

誰にもやられていない！

ポリュペモスが眠りこむや、オデュッセウスと仲間たちは杭を熱し、その目を刺しました。悲鳴を耳にした仲間のキュクロプスたちが洞穴の入口に駆けつけますが、ポリュペモスが「ウーティスにやられた（＝誰にもやられていない）」と叫んだため、「神々の与えた痛みなら手の打ちようがない」と言いながら帰っていきました。ポリュペモスが洞穴を開けると、オデュッセウスと仲間たちは、羊の腹に隠れて逃げ出しますが、愚かにも自分の本当の名を言い捨てていったので、ポリュペモスは呪い、父ポセイドン（P14）にオデュッセウスたちを殺してほしいと頼みます。

ティバルディ《目を潰されたポリュペモス》（壁画の細部）1550年、ポッジ宮殿博物館（ボローニャ）：寝ていたところに、杭を突き刺されたポリュペモス。

第4章

風神に無下にされる

オデュッセウス率いる12隻の船は、風神アイオロスのもとにたどり着きます。アイオロスは一行を快く迎え、オデュッセウスにあらゆる暴風の入った革袋を渡します。そして穏やかな西風のゼピュロスに、一行を迅速に故郷に送り届けるようにと言いつけました。オデュッセウスは大喜びで舵を取り、10日間航海を続け、ようやくイタケ島が見えると、安心して眠りこんでしまいます。仲間たちは、革袋には金銀が入っているに違いないと考え、開けてみました。すると、すさまじい嵐が起き、船はアイオロスの島へ戻されてしまいます。アイオロスは、オデュッセウスが呪われた人物であることを知り、取りつく島もなく一行を追い出しました。残念!

第5章

狂暴な巨人たち

一行はあともう1歩で故郷にたどり着けなかったことを悔やみながらも、今度はライストリュゴネスの港に上陸します。どの船も、2つの高い岸壁に囲まれた穏やかな場所に停泊しましたが、慎重なオデュッセウスだけは、自分の船を入江の外に泊めました。3人の偵察が海岸を探査しに行きますが、王女に見つかり王宮へ連れていかれます。すると巨人である王は、そのうち1人を手に取ったかと思うと、むしゃむしゃと食べ、仲間たちを呼んで船に岩を投げはじめました。港に泊めてあった船と乗組員は全滅しましたが、オデュッセウスの船だけが逃げ切りました。

カア、カア

ひゃあ～～～
1人ぼっち
の船長

#ゴールド・フォーエバー

ちょっと
太った?

第6章

エピソード1

「猛禽」の異名を持つキルケ

オデュッセウスは、あまりの出来事におののきながら、残された唯一の船を操ってある島にたどり着き、疲れと絶望がたたってぐったりとしてしまいました。まわりを探索しようにも、また人食い巨人に出くわしやしないかと、腰が引けます(それはそうでしょう)。けれども、この島にも今までと同じくらい恐ろしい、いえ、もっとたちの悪い危険が待ち受けていました。魅惑的な美しい魔女キルケが住んでいて、客人たちを人間の心を持ったままライオンや狼、鹿などの動物に変えてしまうのです。魔女の薬を飲んだ仲間たちは、ブタにされてしまいました。

第6章

エピソード2

魔女の仮面の下に
隠された妖精

幸いなことに、ヘルメス(P24)がこの窮地から救ってくれました。オデュッセウスに解毒剤を与え、キルケにどんなふうに接したら仲間たちをもとに戻してもらえるか教えたのです。すると、魔女キルケは親切になり、一行はごちそうをふるまわれ、平和な生活を楽しみました。こうして愉快な1年がすぎる頃、オデュッセウスは「そろそろ出発したい」と伝えますが、キルケは「まず、ずいぶん昔にこの世を去った古代随一の予言者テイレシアスにお伺いを立ててみなさい」とすすめました。

『オデュッセイア』

第7章
エピソード1

ネキュイア

盲目の預言者テイレシアスにお伺いを立てるにも、大昔に亡くなっているため、魔法の儀式を行わなければなりません。魔女キルケから、血とミルクを使ったネキュイアと呼ばれる儀式の手順を教えてもらい、執り行ったところ、亡霊たちが血に誘われてやってきました。オデュッセウスは、母やアキレウス（P100）など、多くの死者と話します。特に英雄アキレウスは、「死して英雄の天国で王となるよりも、極貧の農夫でも生きていたい」と告白します。つまるところ「死ぬのはいやだ」ということなのですが、前もって知っておけば覚悟もできるというものです。

コネクティング・
デッド・ピープル

第7章
エピソード2

テイレシアスとキルケの予言

オデュッセウスが、なぜここまでして、死者テイレシアスにお伺いを立てたのかはわかりません。テイレシアスの予言の直後、キルケも同じ予言を口にしたからです。予言は、「決して太陽神の聖なる牛を食べてはならない、さもなくば破滅が待っている」というものでした。その後、一行は牛のいる島に着きます。オデュッセウスは、仲間たちにこの予言を伝えておいたのでしょうか。とんでもない！ 単に、「牛を食べてはならぬ」と固く禁じただけでした。みな、死ぬほどおなかが空いていたというのに！ 案の定、予言のことを知らない仲間たちは、命令に背き、牛を食べてしまいます。これは、オデュッセウスの大失態でした。

フュースリ《オデュッセウスに未来を告げるテイレシアス》（部分）1800年、アルベルティーナ（ウィーン）：予言を聞くために、剣で亡霊たちからネキュイアを守ろうとするオデュッセウス。

オデュッセウスの
能力評価
☑ やる気
☑ 勇気
☐ 管理能力
0/20

セイレンの進化

交換して
得したわ！

第8章

セイレンの歌

時間を少し戻しましょう。キルケは、出航前のオデュッセウスに、セイレンたちから身を守る方法を教えました。当時のセイレンたちは、現在知られている姿（人魚）とは違い、女性の顔をして美しい歌声で男たちを誘って食べてしまう猛禽類のような存在でした。キルケから話を聞いていたオデュッセウスは、船乗りたちの耳をロウでふさぎ、自分は歌を聞いても海に飛びこまないよう、体をマストに縛りつけました。歌も聞いて、命も助かろうという寸法です。

ウォーターハウス《オデュッセウスとセイレン》（部分）1891年、ビクトリア国立美術館（メルボルン）：幸いなことに、この絵とは違い、セイレンは飛びまわることはできませんでした。もしできていれば、船乗りたちを連れ去っていたでしょう。

パーマー《オデュッセウスの出発とカリュプソとの別れ》1848〜1849年、ウィットワース美術館（マンチェスター）

第9章
エピソード1

カリュブディスとスキュラ

フランス語には「カリュブディスからスキュラへ行く（命にかかわる2つの危機にはさまれる）」という言葉があります。この言いまわしの由来は、一方にカリュブディスが、もう一方にスキュラがいる狭い海峡にあります。カリュブディスは、1日に3度、手あたり次第に水を飲みほし、生きた者をも飲みこんでしまう怪物で、スキュラは、6つの頭を持ち、1度に6人を食べる怪物。キルケは、この窮地の対処法も教えてくれました。全員がカリュブディスに飲みこまれるよりも、6人の犠牲者を出しててもスキュラのいる方向を選ぶというものでした（カリュブディスが水を飲みこむのを待って、急いで渡る手もあったかもしれませんが）。

誰にしようかな、
お前を食ってやろう！

第9章
エピソード2

カリュプソの恋

数々の困難を切り抜け、人数が激減した一行は、ヘリオスの島に着きますが、オデュッセウスが寝ている間、仲間たちは聖なる牛を食べてしまいます。予言通り、嵐が起こり、彼らの命を奪いました。たった1人生き残ったオデュッセウスは、いかだを漕ぎ、カリュプソという美しいニンフ〔自然界に現れる女性の姿をした精霊〕のいる島へたどり着きます。カリュプソは、オデュッセウスにひと目ぼれし、結婚して島に引きとめようと永遠の命を約束しますが、オデュッセウスは妻と息子に会いたくてたまりません。何てロマンティック！と言いつつ、2人の間には子供ができるのですから、ロマンティックも半減です。長々と7年もこの島で過ごしたのち、カリュプソは神々からオデュッセウスを出発させるようにと命じられ、恋に苦しみながらも、いかだ作りを手伝い、2人は別れを告げました。

第10章

ナウシカア

オデュッセウスは、しつこく追いかけてくるポセイドン（P14）の嵐に悩まされながらも、イタケ島近くのアルキノオスが治めるパイアケスの海岸にたどり着きました。けれども、裸同然で、ぼさぼさの髪をした汚らしい姿に、島の娘たちは悲鳴をあげて逃げ去ってしまいます。アテナ（P18）から勇気を得た王女ナウシカアだけが手を貸し、ようやく体を洗い、髪を整え、服を着ることができました。王女に案内され、国王夫妻のもとに通されたオデュッセウスは、これまでの冒険の数々を語ります。その場にいた誰もが心動かされ、アルキノオスは、船に宝物をどっさりと積み、イタケ島へと送り届けてくれました。

シャワーを浴びたら
人並みになった
じゃない！

『オデュッセイア』

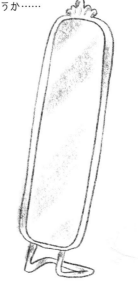

これが英雄の帰還に
ふさわしい格好
なのだろうか……

第11章

忠犬アルゴス

これで、めでたし、めでたし……、とはいきませんでした。妻ペネロペは、求婚者たちから言い寄られ、彼らのうち1人を選んで結婚するように迫られていました。オデュッセウスは、彼らを追い払うため、まずアテナ（P18）の力を借り、老いた乞食に身をやつし、正体を見破られずに宮殿に入りこみました。オデュッセイアの財産を浪費して暮らしていた求婚者たちは、老人を見てあざ笑いましたが、主人を20年間も待ち続けた愛犬のアルゴスだけは、オデュッセウスだと見破り、うれしさのあまり死んでしまいました（犬は人間よりも情に厚いのです）。

スペンサー・スタンホープ《ペネロペ》1849年、個人蔵：ラファエロ前派で象徴主義のスペンサー・スタンホープ20歳のときの代表作。オックスフォードの学生時代に『オデュッセイア』に夢中になり、ペネロペが象徴する貞淑な女性像を愛しました。

第12章

求婚者には引けない弓

貞節さが語り草になるほど貞淑な妻ペネロペは、もう3年もの間、求婚者たちを退けていました。知恵者オデュッセウスの妻にふさわしく策をめぐらせ、毎日熱心に織っている織物が完成したら夫を選ぶと約束し、夜になると日中に織った分をほどいていました。しかし侍女に裏切られ、弓試合を催し、12の斧の穴に矢を通した者を夫にすると宣言せざるをえなくなります。それでも機転を利かせ、オデュッセウスにしか引けない硬い弓を用意しました。

ぼくがいない間どうしてたんだ？

もう3年も徹夜してるし、指先もささくれ立っているけど、元気よ！

第13章

20年ぶりの再会

求婚者たちは弓を引こうとしますが、もちろん無理です。そこで、オデュッセウスがぼろ着を脱ぎ捨てて弓を引いて矢を穴に通すと、人々は唖然としながらも、彼の正体を悟りました。許してくれと懇願する求婚者やつめ寄ってくる者など、オデュッセウスはそうした者たちを冷酷に次々と倒し、妻や我が家を侮辱したり、息子の暗殺をくわだてたりした者たちに復讐しました。そして20年ぶりに、愛する家族との再会を果たしたのです。

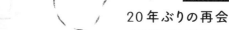

再会できて
感激だけど、
ちょっと
寝てくるよ

アングル《ホメロスの神格化》1827年、ルーヴル美術館（パリ）：赤い衣をまとった女性「イリアス」や、緑の衣をまとった女性「オデュッセイア」を題材に創作した古代ローマ、ギリシャ、近代のあらゆる偉大な芸術家たちを描いた作品。中心にいるのは、盲目の詩人ホメロスで、栄光を象徴する女性から冠を授けられています。アングルは、こうした手法を用い、この2つの叙事詩のもたらす普遍的インスピレーションを象徴づけました。芸術家の数は、46人にのぼり、左の赤い服の男性はダンテ、右下でこちらを見ている男性はモリエールです。それまで革命的と考えられていたアングルは、この作品により最も古典的な芸術家の仲間入りを果たしました。対照的に、ライバルのドラクロワは、同じ1827年のサロンに《サルダナパールの死》を出品しました。

オデュッセウスのごとき 幸いなる者

『オデュッセイア』は、大変な名声を誇り、現代では「冒険譚」や「叙事詩」の同義語となっています。3000年近くにもわたり、この作品に触発され、数え切れないほどの名作が生み出されてきました（アングルの絵からも、そのことがうかがえます）。例えば、フランスの詩人デュ・ベレーの最も名高いソネット集の1つに収められた『オデュッセウスのごとく旅をした者は幸いなるかな』は、当時のすべての学生が読んだと言われています。一方、ジェイムズ・ジョイスの『ユリシーズ（オデュッセウス）』は、記憶や不安定なアイデンティティを扱ったプルースト的作品で、完読するのは、まさにオデュッセイア並みの冒険です。

『宇宙伝説ユリシーズ31』

もう1つ忘れてはならないのは、伝説的アニメシリーズ『宇宙伝説ユリシーズ31（Ulysse 31）』。31世紀を舞台に『オデュッセイア』が繰り広げられます。宇宙船は映画『2001年宇宙の旅（原題は、2001スペース・オデッセイア〔2001: A Space Odyssey〕）』のHAL2000をヒントにしています。ユリシーズ（オデュッセウス）が息子テレマークに贈った小さなロボット、ノノが重要な役割を果たします。

クストーのカリプソ号

カリュプソ（P109）の名に聞き覚えがあるでしょうか。そう、海洋探検家ジャン＝イヴ・クストーの伝説的調査船の名が、カリプソ号です。クストーは、この船をまるで女性のごとく愛し、1951年から1996年にかけて世界中の海を旅し、ほぼ50年にわたる冒険を経た船は、1996年に沈没しました。クストーが他界したのは翌年のことでした。

『オデュッセイア』にちなむ 言いまわし

「カリュブディスからスキュラへ行く」は「命にかかわる危機にはさまれること」を、「ペネロペの織物」は「いつまでもおわらない仕事」を意味します。「トロイアの木馬」は、気づかれないようにコンピュータに有害なプログラムを仕掛ける悪意あるソフトウェアです。どれも一理あります。

アイネアス

アエネアス／アエネアス

新トロイアこと、ローマ文明の基礎を築いた英雄

ギリシャ最後の、そしてローマ最初の英雄。アプロディテ（P20）の息子で、
トロイア王プリアモスの婿。トロイア軍で唯一、奴隷とならなかった生き残りであり、
神々により新トロイア、のちのローマ帝国を築くためにイタリアへ送られました。

ゲラン《トロイアの悲運をディドに語るアイネアス》（部分）1815年、ルーヴル美術館（パリ）

口の軽いアンキセス

アイネアスの父は、プリアモスの従兄弟アンキセス。魅力的な若者で、アプロディテさえも王女に扮し、彼と1夜を過ごしました。翌朝、アプロディテは2つのことを告げます。それは、2人の間に赤ん坊が生まれて英雄になること、そして自分が愛の女神であることでした。寝起きにしては重大な告白です。アンキセスは、誰かに自慢したくて我慢できず、話してします。怒ったゼウス（P12）は、彼の足首に雷を落とし、以来、アンキセスは片足を引きずって歩くようになりました。

自慢するわけ
じゃないけどさ、
アプロディテ、
あれはいい女だよ！

トロイア陥落

アイネアスは、ケンタウロス族の賢人ケイロン（P123）に育てられ、トロイアでも指折りの勇者に成長し、プリアモスの王女の1人クレウーサと結婚しました。2人の間には男の子が生まれ、イウルス（アスカニオス）と名づけられました。アプロディテや、その他の神々からかわいがられて育ったアイネアスですが、トロイア戦争では、故郷と共に死のうと考えます。しかし、アプロディテから自らの運命、イタリアに新トロイアを建設することを諭され、足の不自由な父と家庭の守護神を背負い、息子の手を引いて炎に包まれた町を抜け出します。

ディドの悲恋

7年の旅ののち、アイネアスはカルタゴにたどり着き、美しく勇気ある女王ディド（P114）のもとに身を寄せます。ある日、雨に降られ、洞窟で雨宿りした2人は、愛を確かめあいます（＃高慢と偏見）。しかし、国民にとっては、女王と外国人の結婚など受け入れがたく、アイネアスにも果たすべき義務がありました。ディドは、それでも愛を貫く覚悟を決めますが、時を同じくして、メルクリウス（ヘルメス、P24）に自らの宿命を諭されたアイネアスは、愛をあきらめる決意を固めました。そして、彼の乗った船が海の向こうへと消えていくのを見送ったディドは、自ら命を断ちました。

洞窟で
確かめあった
愛

アルバ・ロンガの建設

アイネアスは、自分を嫌うユノ（ヘラ、P16）のしかけた様々な罠を乗り越え、とうとうイタリアへ到着しました（ユノの気に入る人などいないのですが、トロイア人は特に嫌われていました）。アイネアスは、冥界へとくだると、数年前に他界した父の亡霊に会いに行き、そこでローマ帝国建設からアウグストゥス皇帝まで、後世に待ち受ける栄光を告げられます。ディドの亡霊にも会いますが、彼女は自分を捨てたアイネアスのことを許そうとはしませんでした。アイネアスは、ラティウム人の王と手を組み、その娘と結婚する一方、息子のイウルス（アスカニオス）は、アルバ・ロンガの町を建設しました。続いてローマの町が建設され、壮大な冒険の舞台はギリシャからローマへと移ります。

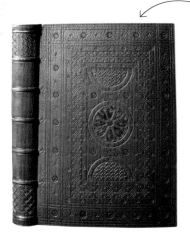

ウェルギリウス作『アエネーイス』の表紙

ベルニーニ《トロイアを脱出するアイネアスとアンキセスとアスカニウス》1618年、ボルゲーゼ美術館（ローマ）：ベルニーニの傑作。体の不自由な父アンキセスを背負い、トロイアをあとにするアイネアスは、家族への献身を象徴しています。父が手にしているのは、ローマ家庭の神々の彫像です。つまりこの作品は、家庭への献身や彫像が入れ子のようになった構造になっています。怯え、父の足の後ろに隠れる幼いイウルス（アスカニウス）は、家庭の聖なる火を持ち、父や祖父の後継者であることがうかがえます。

アイネアスを探せ

ウェルギリウスの『アエネーイス』

1万行以上もの壮大な詩からなる『アエネーイス』は、その800年も前の『イリアス』や『オデュッセイア』に触発されて書かれたものですが、2作に劣らぬ名声を誇っています。著者のウェルギリウス（紀元前70～19年）は、アウグストゥス皇帝の親友で、ローマ帝国の文明を讃えるため、栄光に満ちたその起源を創作しようと考えました。つまりアイネアスは、ギリシャ神話とローマ神話の架け橋的存在で、敵の心さえをも動かした運命的なトロイア陥落からローマへのつながりを作りあげたのです。

ユリウス・カエサル／7月

アイネアスの息子のイウルス（アスカニウス）は、ユリウス氏族の祖とされています。ユリウス氏族とは、ユリウス・カエサルを輩出した一族です。つまりカエサルは、アプロディテの末裔ということになります。7月（ジュライ）はユリウス・カエサルにちなんだ月名で、語源はイウルス。カレンダーを見るときは、イウルスのことを思い出してみてください。

＃7月と言えば、
海とカエサルと
太陽

ディド

ディド／ディド

カルタゴを建設した女王

「勇敢なる女性」ディドは、数奇な運命に導かれ、カルタゴ文明を築きました。ウェルギリウスが、ローマ文明の始祖アイネアス（P112）の恋人としたのも、それだけ特別な女性だったからです。

ターナー《カルタゴを建設するディド》1815年、ロンドン・ナショナル・ギャラリー（ロンドン）：左の白い服を着た女性がディド。夫の墓の隣に立ち、カルタゴの富の象徴である港での宮殿の建設を監督しています。右上に描かれているのは、ビュルサの城塞。ロランの名作《海港　シバの女王の船出》（1648年、ロンドン・ナショナル・ギャラリー）の直接的な影響を受けた作品で、ターナーは同館に2作品を並べて展示してほしいと依頼したと言います。日没でもないのに太陽が赤みを帯びているのは、1815年に火山が爆発し、数か月間、空が赤くなったためです。

テュロスを去る

レバノンのテュロス王女だったディド。兄ピュグマリオンはテュロス王でした。兄をうわまわる富と権力を握っていた神官シュカイオスと結婚し、愛しあっていましたが、ピュグマリオンはシュカイオスの富に嫉妬し、狩りに連れ出して、岩から突き落としました。ディドは、機転を利かせ、船で夫の遺産を兄のもとへ持って行くふりをして、そのまま忠実な臣下を引き連れてはるか遠くへと去ります。

賢い女王

ディドは、キプロス島を経由し（そこで臣下のために80人の娘を船に乗せました）、現在のチュニジアに着きました。現地人は、友好的とは言いがたく、「牛の皮以上の広さの土地は売らない」と告げます。頭のよいディドは、牛の皮を細かくひも状に切ってつなぎあわせ、砦を作れるだけの広さの土地を囲いました。「ビュルサ」（牛の皮）と名づけられたこの砦は、のちのカルタゴ（「新しい町」、現在のチュニス）になります。

つないで、
つないで、
つないで
……

自害（ローマ版）

ウェルギリウスのローマ版伝承によれば、ディドはトロイアから逃れてきたアエネアス（アイネアス）を迎え、それまでの冒険譚（たん）を聞いて心動かされます。自然の成り行きから2人は恋に落ち、アイネアスは、ローマ文明建設の使命を忘れますが、ユピテル（ゼウス、P12）がメルクリウス（ヘルメス、P24）を送って諭します。アイネアスはディドを捨て、ディドは悲しみのあまり自らの心臓を刺しました。痛そう！

自害（ギリシャ版）

中世の詩人たちはローマ版が気に入らず、「本当の物語」を作り上げました。それによれば、現地王イアルバスがディドに、「自分と結婚せねばカルタゴに戦争を仕かける」とおどしたと言います。アイネアスを忘れられないディドにとって、粗野なイアルバスとの結婚など問題外。しかし、カルタゴの民衆からの圧力は強まるばかりで、ジレンマにおちいり、夫を忘れるために3か月の猶予を願い出、3か月後に火葬台に身を投げて命を断ちました。熱そう！

コワペル《ディドの死》17世紀、ファーブル美術館（モンペリエ）：ギリシャ版か、ローマ版か、コワペルは選択を避けました。女王の右手には短剣が握られ、一見ローマ版のようです。しかし、火葬台の上にいるため、ギリシャ版にも見えます。

カルタゴの地図

ローマ時代の地理学者ストラボンによれば、カルタゴは「投錨（とうびょう）した船」のような地中海都市。交易が盛んで、港は繁栄を極めたものの、紀元前149年、ローマ軍によって完全に破壊されました。

城壁

現在のチュニス

港

ビュルサの砦

神話クイズ

このうちディドの命を奪わなかったのはどれ？

Ⓐ 剣

Ⓑ 薪

Ⓒ フランスの人気司会者パトリック・セバスチャンのエンドレスCD

答え：ＣがＮＧ正解。

パーセルの『ディドとエネアス』

ウェルギリウスは、ローマとアウグストゥス皇帝の起源に威光を添えるために、アイネアスとディドの恋物語を残しました。物語は多くの人の心を打ち、イギリスの作曲家パーセルは、1689年、バロック音楽を代表するオペラ『ディドとエネアス』を作曲。ディドは、市民たちの拒否を危惧しながらも、外国人アイネアスへの愛を公表しましたが、結局はアイネアスに捨てられてしまいます。自殺前に歌うラメント（嘆きの歌）「私が地に横たえられるとき」では、侍女に「自分のことを覚えていておくれ、でも自分の悲しい運命は忘れてほしい」と言い残します。

アンヌ姉さま

「アンヌ姉さま、まだ誰も来ないの？」は、シャルル・ペローのおとぎ話『青ひげ』で、主人公の奥方が青ひげに殺されそうになりながら、助けの者は来ないのかと姉を急かすときの言葉です。これは『アエネーイス』で、ディドと姉妹のアンナ・ペレンナが、ビュルサの砦からアイネアスの出航を見守っていたときのセリフに由来します。オリジナルでは、胸が張り裂けんばかりのディドは、アンナに「あの方が急いで海を渡っていくのが見えて？」と叫びました。ちなみに、シャルル・ペローは、アンヌに「太陽の光が埃をきらめかせて、草が緑に色づいているのしか見えないわ」と答えさせています。

『青ひげ』のリトグラフ

ロムルスとレムス

*ギリシャ神話には登場せず、ラテン語名も英語名もロムルスとレムスです。

ローマを建設した双子

紀元前753年、禁を犯した母から生まれた双子ロムルスとレムスは、ローマの町を建設しました。
母親は純潔を守らねばならない身だったのに、その掟を破ったのです。
フランス語で近親相姦を意味する「アンセスト」は、「セスト（純潔）ではない（アン）」に由来します。
父は軍神マルス（アレス、P30）。ローマ建設の経緯からは、血は争えないことがうかがえます。

ポッライオーロ《カピトリウムの雌狼（の下の双子像）》1484〜1496年、カピトリーニ美術館（ローマ）：パラティヌス丘の麓、ルペルカリア洞窟の前に伸びるイチジクの木の下で、双子は雌狼に拾われました。

母は巫女で王女

ロムルスとレムスの母は王女で、のちに巫女になります。巫女は、神に身を捧げてから30年間は純潔を守らねばならず、禁を破れば裸でむちに打たれ、生き埋めにされてしまいます。母レア・シルウィアは、賢明な女性でしたが、ある日、軍神マルスに捧げられた聖林の川で儀式に使う品々を洗っているときに眠りこんでしまい、マルスに犯されてしまいました。処女であるべきレアにとって、この代償は高くつきます。

雌狼に育てられる

哀れなレア・シルウィアは身ごもりました。叔父である王はそのことを知ると、幽閉し、しきたりに従って生まれてきた双子を溺れさせようとします。マルスに犯され、叔父からはひどい仕打ちを受け……。しかし幸いにも、双子は溺死刑を逃れ、かごに入れられて川に流されました。2人を見つけた雌狼は、襲うどころか乳をやります。のちに羊飼いがこの「親子」を見つけ、驚愕して雌狼から引き離しました。

超えてはならない溝

成長した双子は、自分たちが拾われた場所の近くに町を建設しようと決意します。伝説によれば、紀元前753年4月21日、それぞれが丘に位置を定め、鳥の飛翔で未来を占う能力のあるロムルスが溝を掘り、城壁の境界を定めました。しかし気を悪くしたレムスは、この溝を超えて兄をないがしろにしたので、怒ったロムルスは弟を殺害し、誰であろうと我が城壁を乗り越える者は同じ運命をたどると宣言しました。ロムルスは怒らせると怖いのです。

ローマ名：ロムルスとレムス
語源：ローマ
父：マルス（アレス、P30）
母：アルバ・ロンガ王女
レア・シルウィア

この子たちを引き取って
正解だったのだろうか……？

何なの、この
ありさまは？

レムスの
せいだよ

サビニの女たちの誘拐

残念ながら、新しく建設された町には男性しかいませんでした。放浪者、逃亡奴隷……、彼らのために女性を見つけてこなければなりません。そこでロムルスは、近隣の町に住むサビニ人たちを祭に招き、女性たちを強奪。激怒したサビニ人たちは戦争を仕掛け、激戦が繰り広げられました。サビニの女たちは、父や兄弟、そして夫となったローマ人の命を救うために仲裁に入り、ローマとサビニの融合に成功します。そのためローマでは、ロムルスとサビニ人の長の2人が王となりました。

映画『サビニの女たちの誘拐（Il ratto delle sabine）』のポスター（1961年）

#ローマ建設

ロムルスとレムスを探せ

町の名前

ロムルスとレムスが実在したとして、2人の記憶を鮮やかに残すものと言えば、何よりもローマの町の名があげられます。けれども、ローマ人たちは、ローマこそが唯一本物の都だと考えていたので、しばしば単に「ウルブス（都）」と呼んでいました。「ウルビとオルビ（都と世界）」、すなわち「万人に」という言いまわしは、ここに由来し、「我が都こそ世界」というローマ人の自負をうかがわせます。

雌狼の像

ローマのカピトリーニ美術館には、双子に乳を飲ませる雌狼の像があり、この場所の名前を取って「カピトリウムの雌狼」と呼ばれています。一方、双子を拾ったのは羊飼いの女性で、実は売春婦だったという合理的な言い伝えもあります（ラテン語で売春婦を意味する「ルパ」には「雌狼」の意も）。

ローマの祖ロムルスとレムスの母を描いた木版画、ユニバーサル・ヒストリー・アーカイブ

ルーベンス《メドゥサの頭》（部分）1617〜1618年、美術史美術館（ウィーン）

獣 や 怪 物

2日酔いで
苦しい！

　ギリシャ神話に登場する数々の超自然的な存在、奇妙で恐ろしげな怪物、世界の果てを統べる伝説的女性たち。彼らは、子供たちを怖がらせるのにひと役買っていましたが（「スープを飲まないと、メドゥサが来るよ！」）、大人たちからも恐れられていました。死者たちが、ケルベロス（P124）を手なずけられるようにと、お菓子と共に埋葬されていたことからも、恐怖心のほどがうかがえます。

ペ ガ ソ ス

ペガスス／ペガサス

古代最高の軍馬

見事な翼を持ち、数々の英雄を助けに参上する白馬。
誰もが知るペガソスが、古代随一の名馬であることに異論はないでしょう。

ティエポロ《ペガソスに乗りキマイラを殺すベレロポン》（部分）1723年、サンディ宮殿（ヴェネツィア）。力強く雄弁な作品。

見る者をすくませるような 美しさ

ペガソスの母メドゥサ（P132）は、最初から怪物だったわけではありません。メドゥサは、両親とも海を司る神で、波打つような美しい髪をした愛らしい娘でした。血気盛んな海の王ポセイドン（P14）は、ひと目見て恋に落ち、さらってきてアテナ（P18）の神殿で交わります。怒ったアテナは、ギリシャ神話にありがちな展開で、ポセイドンではなく、メドゥサを罰しました。気の毒なメドゥサは怪物に変えられ、ポセイドンとの子は、血の中に固まったまま閉じこめられました。

斬首から生まれた子

メドゥサは、見る者を石にしてしまうおぞましい怪物になりましたが、ペルセウス（P88）は、彼女を見ないように細心の注意を払いながら、その首を斬りました（P88）。そのときに大地に落ちた数滴の血から、ペガソスが生まれたと言われます。怪物に変えられた母の血の中に固まったまま閉じこめられていたため、翼が生えたシミ1つない壮麗な馬です。確かにポセイドンは馬の神でもあり、アテナイ市民たちのために、馬を作ったこともあるほどなので（P15）、ペガソスの誕生もうなずけます。

立派な
男の子！

ハンサム！

ベレロポン

ギリシャ人たちは、生まれてすぐに天翔けたペガソスの姿に熱狂し、とりわけ英雄たちは喉から手が出るほど欲しがりました。そうした英雄の1人ベレロポンは、難題（P90）を課されていましたが、アテナ神殿で眠りこみ、女神からペガソスを手なずけることのできる金の馬銜（はみ）を与えられる夢を見ます。目が覚めると奇跡が起き、本当にその馬銜を使ってペガソスに乗ることができました。こうしてベレロポンは、ペガソスのおかげで数々の危険を克服したのです。

雷

ペガソスを操ることのできる唯一の人間ベレロポンは、成功に酔いしれてペガソスを危険にさらしました。数々の偉業を成し遂げた彼は、自分を神にも等しい存在と考え、ペガソスに乗ってオリュンポスを目指したのですが、昇りきる直前、ペガソスに振り落とされ、冒涜に怒ったゼウス（P12）の雷に打たれます。以降、ペガソスは「ゼウスの雷（P13）」を運ぶ馬となりました。

マタニア《ペガサスに乗るベレロポン》20世紀

6番の雷、ミディアムサイズでお願い

ファーストフードとまちがえてない？

ローマ名：ペガスス
語源：泉
愛称：雷を運ぶ者
父：ポセイドン（P14）
母：メドゥサ（P132）

ペガソスを探せ

ロゴ

ペガソスは、わかっているだけでも、74のブランドやロゴに採用されており、その人気ぶりがうかがえます。トルコのペガサス航空、人気映画を連発するコロンビア社系列として設立されたトライスター・ピクチャーズ社など、どの企業もペガソスの強みである、軽やかさ、敏捷さ（びんしょう）、毅然さ、有能さをアピールしています。

歴史

まばゆいばかりの威光を誇るペガソスは、名声の女神ペーメー（ローマ名はファーマ）と同一視されるようになります。一説によれば、ペーメーは、翼を持ち、人を乗せていたとか。ユリウス・カエサルの養子で初代ローマ皇帝のアウグストゥスは、生前から極めて高く評価されていたため、没時にローマ人たちは、皇帝は本当にペガソスに乗って大空に飛び去ったと信じたとも言われています。

テレビゲームなど

ペガソスの伝説は不動の人気を誇ります。ファンタジーやRPGなどのテレビゲームに登場する空飛ぶ馬は、どれもペガサスと呼ばれるほどです。紋章やロゴの分野でも引っ張りだこで、フランス西部マイエンヌ県のロゴにも採用されています。

エリニュエス

フリアイ／フューリーズ

すさまじき復讐の女神

ローマ人からはフリアイと呼ばれる女神たち、エリニュエス。その存在は矛盾に満ちています。
道徳規範の守護神で、罪人を追求して貧者や弱者を守り、良心の呵責（かしゃく）を象徴。しかし、
文字通り「地獄のような」すさまじさを持ちあわせ、親しまれているとはお世辞にも言えません。

地獄の3人組

メガイラ、ティシポネ、アレクトは、どこかゴルゴン3姉妹に通じるものがあり、頭からは蛇が生えていました。その目は血走り、醜い黒い翼、燃えさかる松明、むちを持ち、手加減も容赦もなく、犬のように吠えながら獲物に襲いかかり、相手が狂気におちいるまで執拗に復讐の手を緩めません。

罪人の拠り所

エリニュエスは、冷酷極まりない女神たち。ギリシャ人たちは罪人への懲罰は彼女たちの管轄なので、自分たちが手をくだす必要はないだろうと考えていました。一方、アテナイの2つの神殿をはじめ、ギリシャ中にエリニュエスのための神殿があり、聖なる不可侵の場所と考えられていたため、罪人たちの逃げ場となっていました。罪人に甘かったのでしょうか。いえいえ、古代に各地を旅行した地理学者パウサニアスは、この神殿に入った者が出てくるときには、かなりの確率で気が狂っていて、最終的には立ち入り禁止になったと記録しています。

慈しみ深き女神たち

生ある者からは死ぬほど恐れられ、神々からは嫌悪されていたエリニュエスは、人気とは無縁の存在。実際、オレステス（P150）が母クリュタイムネストラ（P64）の命を奪ったときのように、たった1つの罪のために一国を罰することもできます。彼女たちは、反語的に「慈しみ深き女神たち」と呼ばれていますが、これはアテナイの司法機関アレオパゴス（P30）で、オレステスに無罪判決がくだされた際に、怒り狂う彼女たちにおもね、鎮めるために、こうした呼び名が考え出されたのがはじまりです（P150）。

ドレ《エリニュエスについて語るウェルギリウスとダンテ》、1885年出版のダンテ『神曲』に掲載された挿絵より、装飾芸術美術館図書館（パリ）

エリニュエスを探せ

メガイラならし

シェイクスピアの『じゃじゃ馬ならし』のフランス語タイトルは『メガイラならし』。フランスでは、意地悪でヒステリックな女性は、エリニュエスの1人「メガイラ」と呼ばれます。ローマ名フリアイからは、「激怒した（フュリユー）」とか「憤怒（フュールール）」とか「狂暴（フュリー）」といった単語が派生しました。

映画『じゃじゃ馬ならし』（1967年）：フランコ・ゼフィレッリ監督、エリザベス・テイラー主演。

フランスの文学賞
ゴンクール賞

2006年のゴンクール賞を受賞したのは、ジョナサン・リテルの『慈しみの女神たち』。作品名自体が重要なヒントで、アイスキュロスの『オレステイア』を読んで、オレステスが母と愛人を殺したことを知っている人ならば、語り手の母とその愛人を殺したのが（作品中では明らかにされませんが）おそらく語り手自身だと想像できます。けれど、オレステスにはない恐ろしい点が……。それは、主人公がユダヤ人虐殺や絶滅収容所に関わったナチス将校で、良心の呵責も後悔も人間味も感じさせず、罪の償いが不在だということです。

ローマ名：フリアイ

語源：メガイラは「憎悪」、ティシポネは「復讐」、アレクトは「冷酷」

愛称：崇拝すべき女神たち、慈しみ深き女神たち

父：天空の神ウラノスの血

母：ガイア（大地の神）

ケイロン

キロン／カイロン

半人半馬の賢人

ケンタウロス族の中で最も名の知れたケイロンは、
この族特有の力や並外れた能力を持っていましたが、彼らほど凶暴ではありませんでした。
それどころか、英知と賢明さを持ちあわせ、教育者として神々からの大きな支持を得ていました。
特に医学の神アスクレピオス（P48）とアキレウス（P100）を教育したことで有名です。

50％人間、50％馬、100％捨て子

ケイロンは、なぜケンタウロス族の姿をしているのでしょうか。その理由は、父クロノス（P54）にあります。クロノスは結婚している身でありながら、妻に見つからないよう雄馬に姿を変えて、ニンフ〔自然界に現れる女性の姿をした精霊〕であるピリュラと交わりました。そのため、生まれてきた子供は半人半馬。ピリュラは我が子のあまりの姿におののき、神々に頼んで自分を菩提樹に変えてもらい、生まれたばかりの赤ん坊を捨てました。クロノスも、道ならぬ恋から生まれた子の父としての責任を果たさず、ケイロンは完全な孤児となってしまったのです（#世界で独りぼっち）。

#ラブリー

古代の名教師

ケンタウロス族の中にあって、ケイロンは、その出自（ケンタウロス族は、イクシオンと雲の子供たち）も性格も異色で、短気で残酷な彼らとは違い、賢く博識だと評判でした。アルテミス（P26）とアポロン（P22）から狩猟、医学、音楽、予言を教わり、自身もその知識、特に治癒技術を伝授しました。名教師として名高く、アキレウス、ヘラクレス（P70）、医学の神アスクレピオス、イアソン（P76）を手ほどきをした古代きっての教育者です。

愛称：ピリュリデス
　　　（「ピリュラの子」）
父：ティタン神族クロノス（P54）
母：ピリュラ（海のニンフ）

ルニョー《ケンタウロス族ケイロンによるアキレウスの教育》（部分）1782年、ルーヴル美術館（パリ）

ケイロンを探せ

いて座

ゼウス（P12）は、ケイロンの悲運を不憫に思い、ケンタウルス座に変えました。ケンタウルス座のプロキシマ・ケンタウリは、太陽に最も近い星（たったの4光年）です。誰よりも矢の技術を教えることに長けていたケイロンは、いて座にも表されています。11月23日から12月21日生まれの人は、ケイロンにあやかって英知を授かっているかもしれません。

ケイロンのアキレス腱は膝

ケイロンは、生徒の1人ヘラクレスの4つ目の試練が原因で命を落としました。ヘラクレスは、ぶどう酒を飲んだことが原因でケンタウロス族と争いになり、レルネのヒュドラの血のついた毒矢で彼らを倒しました（P72）。ケイロンは、仲間の手当てをしているときに膝に矢が刺さり、あまりの痛みに、このまま生き続けるくらいなら永遠の命を捨てた方がましだと考え、ティタン神族のプロメテウス（P52）と命を交換しました。

カロンとケルベロス

カロンとケルベロス／シャロンとサーベラス

冥界の渡し守と番犬

古代ギリシャ人は死ぬと、冥界の境目で2つのものに出会います。
1つは、黒く冷たい水が流れるアケロン川（冥界を囲むステュクス川の支流）の渡し守のカロン。
もう1つは、冥界の入口を守る恐ろしい犬ケルベロスです。

パティニール《ステュクス川を渡るカロン》（部分）1520年、プラド美術館（マドリード）：この作品のテーマは、カロンは魂を乗せてどこへ向かうのかという謎かけです。左には、天使のいる天国が、右には、炎に包まれた冥界を守るケルベロスが描かれています。ギリシャの「冥界」には、エリュシオンの園（天国）とタルタロス（地獄）の両方が含まれていますが、パティニールが描いたのは、それらが明確に分かれたキリスト教的世界で、本作はキリスト教文化とギリシャ文化の折衷と言えます。

陰気な渡し守

気難しく守銭奴のカロンは、硬貨を目や鼻に持たない死者を船に乗せてくれないので、そうした死者は、墓のないまま、アケロン川の岸辺を100年もの間、後悔しながらさまよい続けます。硬貨を持っていれば、船に乗せてもらえ、黒い川を渡れますが、一文無しでは、川の中央に浮かび、「乗せてくれ」と懇願するばかりです。カロンは、耳も貸さず、必要とあらば彼らを櫂で激しく殴りながら進んでいきます。

頭は3つ、心は0

カロンは、アケロン川を渡ると、死者を番犬ケルベロスのところへ連れていきます。ケルベロスには頭がろつあり、1つは過去、1つは現在、1つは未来を見ています。情け容赦ないカロンは、いくら哀願しても、死者の国から絶対に出してくれないので、人間たちから恐れられていました。一方、ケルベロスは、はちみつのお菓子を持っていない者を冥界に入れてくれないので、安息の地に行きそびれた死者たちからも忌み嫌われていました。硬貨といいお菓子といい、死ぬ側もいろいろと準備が必要です。

恐るべき両親

地獄の番犬ケルベロスの母は、女性の胴体と頭を持つ巨大な蛇エキドナです。父は100の竜の頭を持ち、時々煙に変身する原始の怪物テュポンで、ゼウス（P12）との戦いに負け、エトナ火山に閉じこめられていました（以来、テュポンが動くたびに、火山が爆発します）。ケルベロスは、この2匹の蛇の子で、父からは3つの頭を、母からは蛇の尾をゆずり受けています。

オー・ソレ・ミオ

どうして自分の両親を恥じているのかしら

頭は３つあっても頭脳は……

ケルベロスは３つも頭があるというのに、さほど賢くはありませんでした。オルペウス（P80）に竪琴で眠らせられ（『ハリー・ポッター』でハーマイオニーとハリーとロンがケルベロスを眠らせる場面も、これに由来）、プシュケ（P10）やアイネアス（P112）にもお菓子で眠らされ、ヘラクレス（P70）にはあまりにも激しく押しつぶされたため、ポケットに入れられるほどの小型犬になって、地上に連れて行かれました（P74）。

様々な業界で

フランス語では、「話しかけづらいつっけんどんな管理人」を「ケルベロス」と呼びます。ケルベロスは『ハリー・ポッター』にも登場します（フラッフィー）。彫刻作品では、主人である冥界の神ハデス（プルトー、P32）の足元にいる場合が多く、冥王星（プルトー）の衛星の１つにも「ケルベロス」という名前がついています。

冥王星（プルトー）の２つの衛星、カロンとケルベロス

詩

フランスの詩人ネルヴァルは「エル・デスディチャド（廃摘者）」の中で、オルペウスの竪琴のように勝ち誇ってアケロン川を渡ったと語っています。またダンテの『神曲』にも、冥界の川が描かれています（原題の『ディヴィナ・コメディア』のコメディアとは、作品がイタリア語ではなくラテン語で書かれていることを意味し、現代の笑いを誘う「コメディ」とは違います）。アケロン川は、ステュクス川の支流ですが、同一視されることも少なくありません。ただ、ステュクス川は絶対に破ることのできない誓いを立てるときに引きあいに出されます（P50）。

ローマ名：カロン
両親：夜（ニュクス）と
　　　闇（エレボス）？

ローマ名：ケルベロス
特徴：肉を貪り食う者
両親：テュポン（怪物）と
　　　エキドナ（半分蛇の女神）

スペンサー・スタンホープ《カロンとプシュケ》（部分）1883年：アプロディテ（P20）から「冥界に行って貴重な小瓶を持って帰ってくること」と言いつけられたプシュケと、その口から渡し賃（ギリシャの硬貨）を取り出すカロン。普段は死者しか通さないカロンですが、プシュケは帰り賃も持ってきたため、特別に便宜を図りました。手にはケルベロスのための甘いお菓子も見えます。準備がいい！

セイレン

シーレーン／サイレン

翼を持った、ただし飛ぶことのできない女怪物

北欧では、愛らしい人魚。ギリシャ神話では、猛禽類の体と女性の頭を持つ恐ろしい怪物で、
しかも人食いです。アリエールと同じくらい美しい歌声でした (#ゾッ)。

ワイエス《セイレン》（部分）1929年、個人蔵：セイレンの歌声を耳にして興奮するオデュッセウス。

不吉なセイレン

古代神話に出てくるセイレンと、ディズニー映画の人魚は、まったくの別物です。歌声はうっとりするほど美しいのですが、王子様を救ってくれるような優しさは持ちあわせていません。セイレンだったらきっと食べてしまうか、岸壁に船をぶつけて大破させたでしょう。『オデュッセイア』では、自分たちが食べた人間たちの骨や肉、腐敗した山羊の皮などの山の上にすわる、ぞっとするような姿が描写されています。

『リトル・マーメイド』の
オーディション

あー、
ちょっと無理ね
次の人！

魚ではなく鳥

セイレンは、なぜこんな恐ろしい姿なのでしょう。彼女たちは罪を償っているのです。しかし罪自体は、さほど重いものではありません。もとは普通の女性で、ペルセポネ (P46) に仕えていたのですが、ハデス (P32) がペルセポネを誘拐 (P46) したときに、抵抗しなかったことをとがめられたのです。けれども、冥界の神に立ち向かえる者などいるでしょうか。きっとペルセポネの母デメテル (P36) は、悲しみのあまり公平な判断力をなくしていたのでしょう。彼女は罰として、娘たちをハデスの神託を歌う鳥の姿に変えたのです。

セイレンたちの失敗

彼女たちに勝った英雄はわずか2人だけ。オデュッセウス (P104) とオルペウス (P80) です。オデュッセウスは、仲間の船乗りたちにロウで耳をふさぐように命じ、自分の体をマストに縛りつけ、彼女たちの歌声を聞いても海に飛びこまないようにしました (P108)。音楽に長けたオルペウスは、その歌声でセイレンたちを魅了し、彼女たちは口をつぐんで耳を傾けました (P80)。この敗北で、幾人かのセイレンは、岸壁から海に身を投げて命を断ったとか。意外に軟弱なのです。

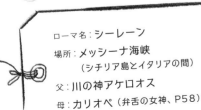

ローマ名：シーレーン
場所：メッシーナ海峡
（シチリア島とイタリアの間）
父：川の神アケロオス
母：カリオペ（弁舌の女神、P58）

傷つきやすい
セイレンの
岸壁

セイレンを探せ

ヨーロッパ文化

ギリシャ神話では、鳥の体を持ったセイレンが、なぜ魚の尾を持つマーメイドになったのか、誰もが疑問に思うでしょう。答えは簡単。北欧では、最初から魚だったからです。イギリスでは、これがそのまま残り、セイレンとマーメイドの2つの単語が使われていますが、フランスでは、北欧とギリシャの神話が一体となり、単語としては「セイレン」のみが使われ、彼女たちが鳥だったことは忘れられてしまいました。

レイトン《漁夫とセイレン》1858年、ブリストル市立博物館美術館（イギリス、ブリストル）

サイレン

古代に比べれば、セイレンのイメージはぐっとアップし（特にディズニー映画の『リトル・マーメイド』のおかげで）、現代でもごく身近なボキャブラリーとして定着しました。そのボキャブラリーとは「サイレン」。1819年、フランスの工学者シャルル・カニャール・ド・ラトゥールによって開発された警報音システムは、古代のセイレンたちの美しい歌声にちなみ、「サイレン」と名づけられました。

歴史

古代から中世にかけての科学的知識は貧弱で、セイレンが実在すると長い間信じられていました（ユニコーンも同様）。クリストファー・コロンブスはアメリカ発見談で、セイレンを目撃したけれどさほど美人ではなかったと語っていますが、あやしいものです。心優しい歴史家たちは、マナティ（海に生息する犬のような顔をした哺乳類）と見まちがえたのだろうと推測しています。

愛らしいセイレン！（＃コロンブスは大言壮語）。フロリダのクリスタルリバーを泳ぐマナティ。

くちばしのない、飛ばない鳥

ぞっとするような姿で、人間を食べるセイレンたち。自分たちの歌声を自慢するあまり、ゼウス（P12）とムネモシュネの娘である9人のムーサたち（P58）に挑戦を吹っ掛けたほどです。もちろん、勝ったのはムーサたちで、セイレンの羽根でできた冠を要求しました。そのため、セイレンたちは飛べなくなってしまいます。彼女たちが飛べていたら、オデュッセウスは食べられていたでしょう（ウォーターハウスは優れた画家ですが、彼の作品ではセイレンは飛んでいる姿です。読みこみが足りなかったのかも！）。

ウォーターハウス《オデュッセウスとセイレン》（部分）1891年、ビクトリア国立美術館（メルボルン）

アマゾネス族

アマゾネス族／アマゾン族

古代の女戦士たち

片方しか乳房のない女戦士アマゾネス族。
父である軍神アレス（P30）同様、戦さを愛する一方、男性を嫌悪していました。
彼女たちは、男性をもしりごみさせる最強の女戦士だったのです。

映画『ワンダーウーマン』（2017年）：主演のガル・ガドットは乳房が両方あり、神話に必ずしも忠実ではありません。

すさまじき女性たち

女性オンリーで男子禁制のアマゾネス族。男性の妄想を誘いますが、子孫を残すために1年に1度だけ選り抜きの男性に頼り、頼ったあとは殺害し、身ごもって男の子が生まれると殺してしまうか奴隷にしてしまうと聞けば、妄想も恐怖に変わります。男の子が生まれると、戦闘ができないように、そして奴隷として仕えるように、足と腕を折って目を潰していたとか……。

乳房を隠して

アマゾネス族は残酷な上に大胆。片方の乳房をむき出しにし、もう片方は古代には隠し、よりあとの時代には切除していました。彼女たちの存在を信じていた歴史家ヘロドトスは、アマゾネスの語源は「ア（ない）」「マゾス（乳房）」だとしています。一節によると、弓で矢を射るときに邪魔で切除していたとか。いずれにせよ、ステップ（草原地帯）出身の女戦士たちであり、最初の女騎馬兵であることは確かです。

#烈女

恋に落ちると不幸が待っている

ヒッポリュテは、アマゾネス族で最も名の知れた女王。「馬を解放する者」の名の通り、熟練の女騎兵でした。父の軍神アレスから贈られた帯は有名で、ヘラクレス（P70）も9つ目の試練として、彼女からその帯をゆずり受けてくるように命じられたほどです（P73）。ヒッポリュテは、ヘラクレスに恋をしますが、ヘラ（P16）にヘラクレスが陰謀をくわだてていると信じこまされ、アマゾネス族は女王を守ろうとヘラクレスを攻撃しました。ヒッポリュテは、ヘラクレスをかばい、代わりに槍に刺され、死に際にその帯をヘラクレスに渡しました。

古代ギリシャの陶芸家エクセキアスによる、アキレウスとペンテシレイアを描いたアンフォラ（壺）。アキレウス（P100）は、女王ペンテシレイアを殺そうとして恋に落ちます。

アマゾネス族の戦い

すべてのアマゾネス族が、結婚に反対だったわけではありません。例えば、アンティオペは、ヒッポリュテの帯を求めるヘラクレスに同行したテセウス（P84）に恋をし、テセウスは彼女をさらって結婚しました。彼女はアテナイ王妃となりますが、アマゾネス族の攻撃を受けます。アマゾネス族の1人があやまってアンティオペを殺すと、テセウスは彼女の仇を討ちました。アレスの丘（アレオパゴス）近くでアマゾネス族は敗北し、テセウスによりアテナイで弔われました。以降、彼女たちの埋葬された場所で、毎年、生贄が捧げられるようになりました。

アマゾネス族を探せ

『ワンダーウーマン』

アマゾネス族を扱った最も有名な映画と言えば、『ワンダーウーマン』。女王ヒッポリタは、女性たちだけのセミッシラ島を治めています。主人公である王女ダイアナは、一族の天敵アレスと戦うのですが、神話ではアレスはアマゾネス族の父のはず。古代ギリシャ人たちが見たら、目をむきそうです。

アマゾニア

アマゾネス族の存在を信じていたのは、紀元前5世紀の歴史家ヘロドトスだけではありません。16世紀、スペインの初期征服者たちは、南アメリカの赤道地帯にたどり着きますが、その中の1人オレリャーナは、マラニョン川沿いにアマゾネス族のような民族を発見したとして、この川をアマゾン川と呼びました。こうして伝説は続いていくのです。

アマゾネス乗り

伝説によれば、アマゾネス族は馬に乗った最初の民族だったとか。フランスの王妃カトリーヌ・ド・メディシスがあぶみの2つついた鞍を考案すると（スカートがずれないように片側に2つのあぶみがついている）、この乗り方は「アマゾネス乗り」と呼ばれるようになりました。本物のアマゾネス族の乗り方とはまったく違いますが……。

> ローマ名：アマゾネス族
> 語源：乳房なし
> 父：アレス（P30）
> 母：ハルモニア（ニンフ〔自然界に現れる女性の姿をした精霊〕）

カロリュス＝デュラン《馬に乗るクロワゼット嬢》1873年、トゥルコアン美術館（フランス、トゥルコアン）

スピンクス

スピンクス／スフィンクス

謎解きを迫る怪物

様々な姿をした怪物で、テーバイ地方で恐れられていました。
同じく人々を恐怖におとしいれていたケルベロス（P124）やエキドナ（P124）は、スピンクスの兄弟、
母にあたります。そんなスピンクスも、オイディプス（P144）に負かされるときがやってきます。

アングル《スフィンクスの謎を解くオイディプス》（部分）1808年、ルーヴル美術館（パリ）

近親相姦から生まれた娘

スピンクスは容姿に恵まれませんでしたが、それも当然かもしれません。母エキドナ（「毒蛇」の意）は半分女性、半分蛇の女神。父オルトロスは、2つの頭を持つ猛犬で、しかもエキドナの息子でした。近親相姦から生まれたスピンクスは、女性の頭とライオンの体、鳥の翼を持ち、女性でありながら男性でもあります。災いをもたらし殺戮を異常に好むスピンクスは、ヘラ（P16）の復讐の格好の道具となりました。

《エキドナ》16世紀、ボマルツォのモストリ公園（イタリア）：イタリアルネサンス時代における最も奇天烈な建造物、モストリ公園。ペペリノと呼ばれる火山岩で作られた巨大な彫像が、緑生い茂る公園のあちこちに設置されています。16世紀の教養豊かな傭兵隊長オルシーニによる設計で、イタリアならではの奇抜な公園です。

ローマ名：スピンクス
語源：「締める、縛る」？
父：オルトロス（2つの頭を持つ犬）
母：エキドナ（半分蛇の女神）

ギリシャ
アテナイ地方

テーバイ

アテナイ

ヘラの遣わした禍

オイディプスの父テーバイ王ライオスは、ある罪を犯しました。身を寄せていたペロプスの息子（ゼウス〔P12〕の孫）をさらったのです。これではペロプスの恩を仇で返すようなもの。そのためポセイドン（P14）は彼を呪い、ヘラは怒ってテーバイにスピンクスを送って一帯を荒廃させました。スピンクスは、謎をかけ、解けなかった者は容赦なく食い殺してしまいます。「朝は4本足、正午に2本足、夜に3本足で歩く生き物は？」

本当にその答えでいいんですね？

意外に傷つきやすい

アングルの絵には、自らの宿命（父を殺し、母を妻にする）から逃れるため、安住の地を求めて彷徨していたオイディプスが謎解きをしている姿が描かれています。「簡単だ。答えは人間。幼いときはハイハイし、成長すると2本足で歩き、年を取ると杖をついて3本足になるからね」。オイディプスにやりこめられたスピンクスは、ぐうの音もなく、岩から身を投げて命を断ちました。テーバイを救って感謝されたオイディプスは、テーバイの王妃をめとりますが、この女性こそがオイディプスの実母でした。でも、それはまた別の話。

本物のスピンクス

「ミステリアスで謎に満ちた近寄りがたい人」をスピンクスに例えた例は少なくありません。アレクサンドル・デュマの『三銃士』の続編とも言うべき『赤いスフィンクス』の題名は、1628年のラ・ロシェル包囲戦で数々の難関に立ち向かうリシュリュー枢機卿を指しています。

7つのまちがい探し

ピラミッド

約4500年前からギザのクフ王のピラミッドは、スフィンクスに見守られてきました。エジプト王独特の「ネメス」と呼ばれるかぶりもの、そして「ウラエウス」と呼ばれる敵から身を守るための額のコブラから見て、クフ王の息子カフラー王をモデルにしているのではないかと推測されます。1368年にはイスラム神秘主義者が、スフィンクスをイスラム教への冒涜と断じて鼻と耳を破壊し、怒った現地の人々に絞首刑にされたと言われています。

ギザの大スフィンクス、紀元前2500年

私もいい？

傷つきやすいセイレン（P126）の岸壁

じゃあ、もう少し難しいなぞなぞを「ツネッタとツネッテが船に乗っていました。ツネッタが水に落ちてしまいました。船に残っているのは？」

《翼の生えたスピンクス》、紀元前6世紀の彫像、古代ギリシャ

メドゥサ

メドゥサ／メデューサ

蛇の髪の毛を持ち、見る者を石にする女怪物

ゴルゴンのメドゥサは、2人の姉妹と同じく怪物で、見る者を石に変える力を持っていました。
しかし、姉妹とは違い、永遠の命を持たないため、ペルセウス（P88）は退治することができたのです。

ナティエ《ミネルヴァの助けを借り、フィニアスとその仲間にメドゥサの頭を見せて石にしたペルセウス》（部分）1718年、トゥール美術館（フランス、トゥール）

頭の上で音を立てている蛇は？

メドゥサは、おぞましい怪物にされてしまう前は愛らしい娘で、その波打つような長い髪に男性たちは夢中になりました。海神ポセイドン（P14）も恋に落ち、誘拐してアテナ（P18）の神殿へと連れていき、2人で浮かれて神殿を冒涜しました。メドゥサは、迂闊にも自分の美しさをアテナと比べ、怒ったアテナはこの傲慢な娘の美しい髪を醜い蛇に変え、見る者すべてを石に変えてしまう瞳を与えたのです。

限りある命

メドゥサと2人の姉妹は、ゴルゴンと呼ばれていました。しかし、姉妹の中で命に限りがあるのは、メドゥサ（語源は「女支配者」）だけ。母を王ポリュデクテスと結婚させないために、ゴルゴン姉妹の1人の頭を取ってくると約束したペルセウスがメドゥサに狙いを定めたのも、このためです。彼はアテナの助言に従い、眠るメドゥサの姿を盾に映して確認しながら、ヘルメス（P24）からもらったハルペーと呼ばれる青銅の剣で、その首を斬りました（P88）。用心には用心を重ねた戦略が功を奏したのです。

奇妙な出産

怪物に変えられる前のメドゥサは、2回ポセイドンの子を身ごもっています（神々の例にもれず、ポセイドンも繁殖力旺盛でした）。2人の子供、クリュサオルとペガソス（P120）は、母の血の中で固まったままでしたが、彼女がペルセウスに斬首されたときに血と共に噴き出てきました。クリュサオル（「黄金の剣」の意）は、もちろん黄金の剣と共に生まれ、ペガソスは翼を持った馬でした。父ポセイドンは、海と馬を司る神だったのですから、当然と言えば当然です。

カラヴァッジオ《メドゥサ》（部分）1598年、ウフィツィ美術館（フィレンツェ）

死んでも効力あり

メドゥサは、死んだあとも生きていました。正確に言えば、その魔力が残っていたのです。ペルセウスは、力を貸してくれたアテナに彼女の頭を贈り、アテナは、鎧にそれをくくりつけて、首や胸を守りました。それを目にした者は、固まってしまうのです。一方で、医学の神アスクレピオス（P48）は、メドゥサの首から流れた血を集めました。これは大変な効き目があり、頸静脈の血は毒ですが、頸動脈の血は死人をよみがえらせました（P48）。この血は、薬学の相反する面を表していたのです。

メドゥサの洞窟

ローマ名：メドゥサ
語源：「メド」は「指示する、統治する」
愛称：ゴルゴ
父：ポルキュス（海神ポントスと大地の神ガイアの息子）？
母：ケト（海神ポントスと大地の神ガイアの娘）

メドゥサを探せ

ヴェルサーチェのロゴ

シチリアの旗、ローマやパリの建物に飾られたメダイヨンなど、メドゥサはあらゆるところにいます。空き巣をにらみつけているのでしょうか。デザイナーのヴェルサーチェ暗殺事件を扱った『アメリカン・クライム・ストーリー』のシーズン2によると、ヴェルサーチェは幼い頃にローマで見たメドゥサ像に強烈な衝撃を受け、自らのブランドのロゴに採用したそうです。

いろいろな言いまわし

「メドゥサににらまれる」とは、呆然とすること。これ以上わかりやすい表現もないでしょう。フランス語で「石にする」を意味する「ペトリフィエ」という動詞は、ラテン語の「ペトラ（石）」に由来し（ヨルダンにあるペトラも石の中に掘られた遺跡）、「メドゥサににらまれる」と同じ意味です。

クラゲ

クラゲは、フランス語等で「メドゥサ」と呼ばれますが、1758年に博物学者カール・フォン・リンネによって名づけられました。確かに、クラゲの無数の触手は、メドゥサの頭に生える蛇を思わせる上、近づく者を刺すのですからなおさらです。あるフランス人は、クラゲを「海のゼリー」と呼びましたが（そのため英語では「ジェリーフィッシュ」と呼ばれます）、そちらの方がかわいげがあります。

ヴェルサーチェの広告。ここでは、レディ・ガガがブランドを象徴するメドゥサのメダルをつけています。

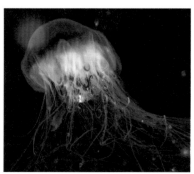

ライオンタテガミクラゲ

スペンサー・スタンホープ《エリュシオンの園近くのレテの川》（部分）1880 年、マンチェスター市立美術館（マンチェスター）：プラトンの語る物語を描いた作品。プラトンによれば、冥界にはレテという川がありました。レテは、淡水のニンフ〔自然界に現れる女性の姿をした精霊〕であるナイアスの名前でもあり、エリス（不和の女神、ローマ名はディスコルディア、P21）の娘で、忘却や忘恩の擬人化でもありました。生まれ変わる予定の魂は、冥界から出る前にレテ川に身を浸し、以前の人生を忘れるとか。ここでは見えませんが、この作品の後景には、英雄や善人の魂の住むエリュシオンの園が描かれています。

不幸な者たちと
有名なエピソード

冷たい？

非常口

首にも
水をかけてと！

往々にして忘れられがちですが、ギリシャ人にとって神話とは宗教でした。神々を崇めず、捧げものをしない者は、生きている間は人々から不信心だと糾弾され、死後はタルタロス（地獄）で罰を受けることになります。タンタロス（P136）やシシュポス（P138）、ダナイスたち（P140）、罰を受けたその他の多くの人々は、タルタロスに入れられます。オイディプス（P144）やナルキッソス（P147）のような悲惨な運命をたどった者はまた別ですが……。

タンタロス

タンタルス／タンタルス

神話最悪の料理人

ギリシャ神話によくあるパターンですが、タンタロスの神話もとても残酷。
タルタロス（地獄）で、永遠に空腹と喉の渇きで苦しむ罰は、気の毒ではありますが……。

人間にしては裕福すぎる

タンタロスは人間で王でしたが、父はゼウス（P12）、母は富の女神プルトでした。そのため大変なお金持ちで、神々からも仲間のように扱われ、オリュンポスの祝宴では、人間を神に変えてくれる飲みものネクタルやアンブロシアを味わうことを許され、不死の身となります。タンタロスは、自分は神と同等だと思いこみ、素晴らしい宴を催して彼らを招待しました。しかし、ふたを開けてみると、世にも恐ろしい宴会でした。

おぞましい宴

すっかり思いあがったタンタロスは、自分が神々よりも上だと見せつけるために、彼らを試そうと恐ろしいことを思いつきます。それは、実の息子ペロプスを切り裂き、神々の食卓に供すことでした（#お金はあっても中身は最低）。息子に対して、そして神々に対して2重の罪を犯したことになります。

料理の鉄人
スペシャル特番：神々の料理

肩肉を食べたのは？

いくら味つけや調理法でごまかしても、全能の神たちをあざむくことなどできません。誰も料理に手をつけませんでしたが、デメテル（P36）だけは娘ペルセポネ（P46）の誘拐に動転していて、心ここにあらずだったので、何も考えずに肩肉を食べてしまいました。タンタロスの所業に憤慨したゼウスは、すべての塊をつなぎあわせ、命を吹きこみました。ただし肩肉だけが欠けています。そこで象牙で補うことにしました。

ピカール《タンタロスの苦しみ》1731年、個人蔵：版画の下には「タンタロスは、空腹と喉の渇きに苦しむ罰を受けた。まわりには、水や果実がたっぷりとあるというのに」と記され、後景にはタルタロスの亡霊たちを苦しめる番人も描かれています。

その傷、サメにかじられたの？

いや、これには深いわけがあって……

語源：「苦しむ者」？
父：ゼウス（P12）
母：プルト（富の女神）

ドイツのタンタルブランドの電球の広告ハガキ、1920年頃

おなかすいた？

ゼウスの激怒は当然のことで、すでに永遠の命を得ていたタンタロスは、未来永劫、自らの罪を償うように言い渡されます。そうしておぞましい宴を催した罰として、渇きと飢えに苦しむことになりました。澄んだ水の流れる川を目の前にしても、水に口を近づけると、水はさっと引いてしまいます。さらにリンゴを木からもごうとすると、リンゴが手から逃れる始末。つらい仕打ちですが、重い2重の罪を犯した身には当然かもしれません。

#なはははははは

様々な言いまわし

「タンタロスの苦しみ」と言えば、「目の前にほしいものがあるのに手に入れられない苦痛」を意味します。さらに、タンタロスという固有名詞は、普通名詞としても使われ、「喉から手が出るほど欲しいのに手に入れられずに苦しむ人」を指します。

水鳥

「タンタロスの苦しみ」に関係する鳥もいます。トキコウは、コウノトリのような足を持つ首の長い水辺の鳥で、くちばしや、ときには頭まで水に浸して何時間も餌を探して歩きまわります。まるで常に喉が渇いているかのようです。その姿が、飢えに苦しむタンタロスを思わせるため、フランス語では「タンタロス」と言います。

アフリカトキコウ

化学

1802年頃、1人の大学教授がある化学元素の分離に成功し、水に溶けない元素であったことから、タンタルと命名されました。神話のタンタロスが、首まで水に浸かりながら、決して飲むことも取りこむこともできなかった姿を思わせるからでしょう。現在でも、元素番号73はタンタルと呼ばれています。

シ シ ュ ポ ス

シシュポス／シジフォス

コリントスを建設し治めた王

シシュポスに科された罰は、永遠に岩を山の頂上に運び続けるという、あまりにも過酷なものでした。
岩は運んだ先から落ちてしまいます。死にあらがったという罪だけのために。

作者不詳《シシュポス、落ちる石》18世紀の版画：まさにローリングストーン！

イストミア祭

シシュポスは、2つの陸の間にはさまれた狭い陸地にコリントスの町を建設し、イストミア祭（オリンピックのようなスポーツの祭典で、何世紀もの間盛んに開催された）を創始した人気の王でした。これは、従兄弟メリケルテスが、彼の母に復讐しようとするヘラ（P16）に襲われ、砂浜で見つかったのを悼んで開かれたのがはじまりです。

死をもあざむく知恵者

ホメロスによれば、シシュポスの才能は、町や祭だけでなく、航海や商業の分野でも発揮されました。一見完璧な王に見えますが、その陰で泣いた者も少なくありませんでした。例えば、町を城壁で囲めば、ギリシャの北部と南部の行き来がブロックされ、通行料が発生します。また、考案されたばかりの手錠を、死神タナトスに試してみるようすすめ、まんまと長い間閉じこめておいたので、何年もの間、死神は人間たちの命を奪うことがてませんでした。さすが！

通行料か、
命か

ローマ名：シシュポス
父：テッサリア王アイオロス
母：エナレテ
妻：アトラス（P56）の7人の娘
プレイアデスの1人メロペ

オデュッセウスの父？

シシュポスの頭の回転の速さは、どこかオデュッセウス（P104）を思わせます。ある日、シシュポスは、ヘルメス（P24）の息子で近くに住むアウトリュコスが、牛を盗み（父ゆずりの腕前）、見分けがつかないようにヘルメスが牛たちの姿を変えていたことに気がつきます。そこで、シシュポスは、自分の名前の頭文字を牛のひづめに刻むことにしました。この策は功を奏し、感心したアウトリュコスは、自分の娘との結婚を持ちかけたとか。この娘こそが、のちのオデュッセウスの母となる人物です。どこか因縁めいています。

死神をあざむく（パート2）

シシュポスは、死ぬ前に、妻に自分の遺体を埋葬しないでほしいと頼みました。けれども、埋葬しなければ、死者の魂は冥界で休むことができません。ギリシャ人はこうしたことを大罪と考えていましたが、妻は言葉に従いました。死後、冥界に降りたシシュポスは、埋葬してもらえないことの不満をハデス（P32）に訴え、妻を罰したいので地上に戻してほしいと頼みました。ハデスは承知し、シシュポスは地上に帰りましたが、そのあと何年もの間、頑として冥界に戻りませんでした。しかしこうした目に余る行いがもとで、ヘルメスに力づくで冥界へ連れ戻され、神に背いたとしてタルタロス（地獄）で過酷な罰を受けることになります。

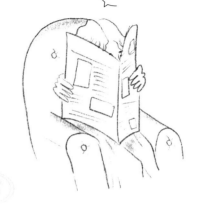

ハデスから電話なんだけど、
「いつ帰ってくるの？」ですって

「折り返し電話する」
って言っておいて

シシュポスを探せ

幸せなシシュポス

シシュポスの罪は、私たちには、むしろ愛嬌があるように見えますが（誰もが死神をあざむきたいと考えるはず）、その罰は重いものでした。しかし、フランスの作家アルベール・カミュは『シーシュポスの神話』で、この罰を肯定的に分析し、生自体の隠喩として捉え、あらゆる価値とは、結果ではなくそこに至るまでの努力の大きさに宿り、「シーシュポスは幸せであると想像せねばならない」としています。重要なのは、結果ではなく道のりなのです。

ティツィアーノ《シシュポス》（部分）1549年、プラド美術館（マドリード）

パリの公園

シシュポスの永遠に繰り返す動きは、彫刻（パリのリュクサンブール公園やパリ郊外ヌイイ＝シュール＝セーヌ）や絵画（プラド美術館収蔵のティツィアーノの作品）などで、様々に表現されています。そうした姿は、果たすべき使命の大きさに思いをはせているようでもあり、努力がすぐに報われなくとも不満に思うべきではないと語りかけているようにも見えます。

アルベール・カミュ

甲虫目

糞虫は、小さな甲虫目で、後ろ足で餌である糞を転がして運ぶ虫です。目端の利く博物学者たちは、たえず岩を山へ運び続けるシシュポスにちなんで、この足の長い糞虫を「足長シシュポス（*Sisyphus longipes*）」と呼びました。

糞虫

ダナイスたち

ダナイスたち／ダナイスたち

冥界の不当判決の犠牲者

冥界に登場する人物の中でも、ダナオスの50人の娘たちはよく知られています。
彼女たちは、穴の開いた壺を水でいっぱいにしなければならず、果てしなく水を汲み続けています。
冥界で最も不当な罰を受ける女性たちでもありました。

ウォーターハウス《ダナイスたち》1904年、個人蔵

ダナオスの50人の娘たち

リビア王ダナオスの50人の娘たちは、それぞれ違う母から生まれました（＃好色男）。兄弟でアラビア王のアイギュプトスにも、それぞれ違う母から生まれた50人の息子がいました（＃好色兄弟）。あるとき、アイギュプトスは、自国とダナオスの治める国との間に位置する王国を征服し、2つの国は直接国境を接するようになります。ダナオスは、アイギュプトスの領土拡大の野望に不信の目を向けました。

話しあった通り、
そっちで結婚式を
挙げよう！

いやいや、
うちは狭いから、
そっちでやろう！

いやいや、
そっちでやるって
話だったじゃないか

いやいや、
絶対そっちでやる

ローマ名：ダナイスたち
語源：ダナオスの娘たち
父：リビア次いでアルゴス王ダナオス
母：それぞれ違う

結婚の提案

アイギュプトスは、自分の50人の息子をダナオスの娘たちと結婚させようと提案します。しかし、疑り深いダナオスはすぐに返事をせず、神託を仰いだところ、アイギュプトスは、婚姻の翌日に娘たちの殺害をたくらんでいると告げられました。仰天したダナオスは、アテナ（P18）に助けを求めます。アテナは同情して人類史初の船を作り、ダナオスは親子共々地中海を渡り、ギリシャのアルゴスに逃げました。

50の婚姻と49の埋葬

アイギュプトスは、息子たちをアルゴスの
ダナオスのもとに送って結婚を迫りまし
た。町を包囲されて数週間後、財力も食
糧もつきたダナオスは譲歩し、娘たちに
髪どめを渡して、翌日、夫たちに殺される
前に、初夜に殺すよう言い含めます。初夜
の真夜中、彼女たちは夫を殺害しますが、
1人だけ処女のままだった娘は、殺人に手
を染めませんでした。

ロダン《ダナイス》1889年、ロダン美術館（パリ）

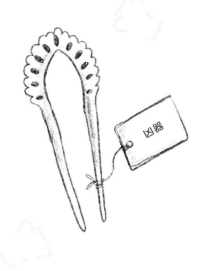

神話最悪の判決

ダナオスと娘たちにとって不運なことに、
たった1人の生き残りは復讐を誓い、全員
を殺しました。ただし、自分を殺さなかっ
た娘だけは助け、結ばれました。哀れなダ
ナイスたちは、アテナとヘルメス（P24）
により、正当防衛とも言える罪を清められ
たものの、冥界で裁きを受け、穴の開い
た樽で永遠に水を汲むよう言い渡されま
す（実際は壺。当時、樽はなく、のちにゴール人
が考案）。何と気の遠くなる罰でしょう。

ラリック《ダナイスの花瓶》1926年：乳白色のガ
ラス。穴が開いていそうで、売れそうなネーミング
とは思えません。

ダナイスたちを探せ

国名

ダナイスたちの叔父アイギュプトスは、自
国（アラビア）とダナオスの国（リビア）の間
に位置する国を征服しました。と言えば、
どこの国かもうおわかりでしょう。そう、
エジプトです。エジプトという国名は、ア
イギュプトスに由来するのです。

1950年代のポスター

フランス語の表現

「ダナイスの樽」という表現は、史実に忠
実ではありませんが（実際は壺）、フランス
語で「決して果たされることのない何か」
を意味します。例えば、詩人アポリネール
は『愛されない男の歌』の中で、「心も頭
も空っぽで、空が流れてくる。おお、我が
ダナイスの樽。どうすれば幸せになれる
のだろう」と書いています。
彼の不安が伝わってく
るような一節です。

哲学

哲学者プラトンは、『ゴルギアス』の中で、
「ダナイスの壺」を例に幸福について2つ
の見方を示しました。ソクラテスもダナイ
スの壺を用い、「欲望を満たそうとする行
為は、いつまでも報われることない不満
を抱えることだ」と論じています。いつも
どこか的外れな弁論家カリクレスは、プラ
トンとの対話の中で、「壺が満たされれば
幸せになれるはずだ」と答えていま
す（だから、壺には穴が開いているん
だって！）。

ミダス
ミダス／ミダス

ロバの耳を持つプリュギアの王

神話の中でも最も知名度の高い王の1人。触るものすべてを黄金に変えるというもろ刃の力と、
音楽の競演の判定をしくじったことで知られています。

ナサニエル・ホーソーンの『ワンダー・ブック』に掲載されたウォルター・クラインのミダス王と水差しの挿絵。

麦の星のもとに生まれて

ミダスは、富の星のもとに生まれた王子。幼いときに、アリたちが口の中に麦の粒を入れましたが、これは彼が人間界で最も裕福になることを示しています。父王ゴルディアスは、決して解けないようにひもをしっかりと結び、「これを解くことができた者は世界を治めるだろう」と宣言したことで知られる人物です。その後、アレクサンドロス大王がやってきて、剣のひと振りでこの結び目を断ち切り、まさに一刀両断で解きました。以降、「ゴルディアスのひもを断ち切る」とは、「一見解決不能な問題に関して一挙に片をつけること」を意味するようになりました。

幻の黄金郷

ある日ディオニュソス（P34）の友人で、太鼓腹のサテュロス（雄山羊の耳、足、尻尾を持つ半神半獣）のシレノスが泥酔し、ミダスの王国に迷いこみました。警備兵たちに身を拘束され、国王のもとへ連行されましたが、ミダスは、彼の語る好色な話を愉快がり、解放してやることにしました。ディオニュソスは、お礼に願いを叶えてあげることを約束し、黄金好きなミダスは「自分の触るものすべてを黄金にする力がほしい」と頼みました。何たることでしょう！　こうなってはもう、何も食べることも飲むこともできません。唇に触れるや、黄金に変わってしまうのですから。

ローマ名：ミダス

父：プリュギア王ゴルディアス

母：キュベレ（大地の神）？

車のメンテナンス

マフラー・インスタレーション・ディーラーズ・アソシエイテッド・サービス、略してミダス社は、自動車修理業界で世界トップのシェアを誇るアメリカの企業。なぜロゴのiの文字に王冠がついているのか、もうおわかりのはず。

金のカエル

古代からの言いまわし「パクトロス（宝庫）に触れる」は、「大金を手にする」こと。語源は、ミダスがパクトロスという川で身を清めたところ、川に金が流れるようになったことに由来しています。かつて金鉱に沿って流れるアマゾン川で、小さなカエルを発見した科学者は、教養の混じったいたずら心から「テラトヒラ・ミダス（ミダスカエル）」と名づけました。その細かいゴールドの模様が、まるで金粉のようだったのです。

ボッティチェッリの絵

フィレンツェのウフィツィ美術館には、《誹謗》（1496〜1497年）という、ロバの耳をしたミダスが描かれた有名なボッティチェッリの作品が収蔵されています。ミダスは、音楽の競演でアポロンの音色がマルシュアスの音色に劣っていると主張したため、「判定力のない審判」「買収された審判」のシンボルとされました。

パクトロス川

ミダスはディオニュソスに、触るものすべてを黄金に変える力を解いてくれと泣きつきました。そこでディオニュソスは、パクトロス川に入って身を清めてはどうかと助言しました。ミダスが身を浸すと、力は川に移り、以来、金粉が流れるようになりました。大喜びしたミダスは、またしても愚かなまちがいを犯します。竪琴の名手アポロン（P22）とフルートを吹くサテュロス、マルシュアスの音楽の競演の判定を引き受けたのです。その上、マルシュアスに軍配をあげたのですから目の当てようもありません。

センスのない審判

腹を立てたアポロンは、ミダスの耳はロバ程度とののしり、ロバの耳に変えてしまいました。屈辱に震えるミダスは、プリュギア帽をかぶって隠しましたが、髪結いだけは秘密を知っていました。秘密を漏らしたら死刑になってしまいますが、その重さに耐えかね、あるとき穴に向かって「ミダスの耳はロバの耳！」と叫びました。すると、葦が風にこの秘密を漏らし、結局、王国中の誰もが知るところとなりました。

#密告

オイディプス

オエディプス／エディプス

至高の悲劇の主人公

エディプスコンプレックスで有名なオイディプスは、誰もが知る至高の悲劇の主人公。
父殺しと近親相姦の呪いを背負った彼は、宿命に立ち向かおうとします。

ジャラベール《オイディプスとアンティゴネ》1842年、マルセイユ美術館（マルセイユ）：ペストがテーバイを襲い、人々はオイディプスと彼の娘をののしりました。

#モンテッソーリ
非公認メソッド

ローマ名：オエディプス
語源：腫れた足
父：テーバイ王ライオス
母：テーバイ王妃イオカステ
妻：テーバイ王妃イオカステ

腫れあがった足

オイディプスは、テーバイ王ライオスの息子。ライオスは、妻イオカステの妊娠中に神託を仰いだところ、「生まれてくる男の子は父を殺し、母を妻とするだろう」という、恐ろしい運命を聞かされます。戦慄した2人は、赤ん坊の足を縛り、遠くの山の木に縛りつけて捨てることにしました。しかし、通りがかりの羊飼いが、赤ん坊の縄を解き、腫れた足にちなんで「オイディプス」（「オイデイン」は「腫れる」、「プス」は「足」の意）と名づけます。そして、子供のいないコリントス王夫妻ポリュポスとメロペのもとに、連れていきました。

非情な巫女

成長したオイディプスは、ある夜、泥酔した男から捨て子呼ばわりされます。義理の両親は、真実を教えてくれないので、オイディプスはデルポイの巫女のところに行きました。しかし巫女は、すべてを教えてくれるわけではなく、恐ろしい呪いのことだけを語りました。呆然としたオイディプスは、ポリュポスを殺したり、メロペを妻にしたりしないよう、コリントスに帰ることをあきらめます。彼は、2人こそが本当の両親だと信じ、敬愛していたのです。これが大きなまちがいでした。

オイディプスを探せ

スピンクスの謎

スピンクスが、オイディプスにかけた謎「朝は4本足、正午に2本足、夜に3本足で歩く生き物は?」は、今でも世界一有名な問題の1つ。オイディプスは「答えは人間。幼いときはハイハイして、成長すると2本足で歩いて、年を取ると杖をついて3本足になるから」と答えました。けれども、女であるはずのスピンクスがフランス語では往々にして「スファンジュ(女スピンクス)」ではなく、男性名詞形の「スファンクス」と呼ばれることこそ、本当の謎です。

モロー《オイディプスとスピンクス》(部分)1864年、メトロポリタン美術館(ニューヨーク)

くどくど、くどくど、
くどくど、くどくど、
くどくど、くどくど、
くどくど、くどくど、
くどくど、くどくど、
くどくど、くどくど、
くどくど、くどくど、
くどくど、くどくど、
くどくど、くどくど、
くどくど

ライオスかライウスか

フランス語で「ライウス」と言えば、「仰々しくて長ったらしい演説」のこと。ライウスとは、ライオスのラテン語読みです。1804年、フランスのエリート養成校理工科学校の入試で、「オイディプスにライウスは何と答えたか」という問題が出ました。熱心な受験者たちは何枚にもおよぶ回答を書き連ねたのですが、あまりにも退屈な内容だったことから、こうした言いまわしが生まれたのです。

禁断

オイディプスの物語は、最も知られている母との近親相姦の例でしょう。精神分析学者フロイトは、この物語にちなんで、自らの唱えた心理を「エディプスコンプレックス」と名づけました(「あらゆる男性は無意識に母を熱愛し、父を排除したいと考えている」という説)。現在でもこの説が広く知られていることから、フロイトの高尚なネーミングは功を奏したと言えるでしょう。

フロイトの作成した蔵書票。オイディプスとスピンクスが描かれています。

知らずに父を殺し、母を妻にする

オイディプスは旅の途中である老人の一行とすれ違いましたが、道をゆずろうとしなかったため、むちで打たれます。怒り心頭のオイディプスは一行を殺し、旅を続けました(#古代の交通事故)。スピンクス(P130)が、テーバイを荒らしまわり、謎を解けなかった者を片端から食べていると聞いたオイディプスは、この怪物と対決して謎を解決します。喜びに沸く民は彼を王に迎え、彼は王妃イオカステと結婚しました。

実は母

国王オイディプス夫妻は4人の子供に恵まれますが、数年後、ペストが町を襲います。オイディプスは使者を巫女のところに送って神託を仰いだところ、かつてのテーバイの国王ライオスを手にかけた者を追放するよう命じられます。ところが調査の結果、オイディプスは実は自分が犯人だと知り、さらに妻が実母イオカステであることを悟って呆然とします。イオカステは真実を知って自害し、オイディプスは絶望の中、自らの目をえぐり、彷徨の旅に出ます。娘アンティゴネと共に……。

これ、戸籍謄本だけど、相当こみ入ってるよ

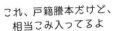

戸籍謄本

パエトン

ファエトン／フェートン

太陽の息子にして古代最悪の迷惑男

見栄っ張りで甘やかされていて無責任。虚勢を張ろうと、
太陽神である父の戦車をねだり、大火を引き起こし、この世の半分を灰にしました。

パエトンを探せ

フォルクスワーゲンのセダン、フェートン

雷のセダン、フェートン

新型セダンのネーミングを「フェートン」にしたフォルクスワーゲンのマーケティング担当者は、本当に神話を読んだのでしょうか。パエトンの神話を知っていたら、制御不能で、周囲を燃やしつくし、最後は雷に打たれてしまうような車に乗りたいとは思わないでしょう。おそらくこのネーミングは、馬車時代から使われてきた車両タイプの名称「フェートン」に由来すると思われます。

バターワース《フェートン公園》1972年、個人蔵

イギリス派《パエトン》20世紀

我は太陽の子なり

水を司るオケアニデスの1人と太陽（ギリシャ語でヘリオス、ラテン語でポイボス）の子であるパエトンは、その人生で何かたいしたことをしたわけではありません。けれども、甘やかされた子の例にもれず、家柄を鼻にかけていました。ある友人が、その鼻持ちならない態度に、「君は本当にヘリオスの子なのか」と、からかい気味にたずねました。気を悪くしたパエトンは、東方の黄金宮殿に住む父のもとへ行き、自分は本当に父上の子かと迫ります。そこでヘリオスは迂闊にも、自分が父であることを証明するために、お前の望みを聞いてやろうと口にしました。

戦車をとめろ！

ギリシャ人たちが最も嫌うヒュブリス（行きすぎ、慢心）の権化のようなパエトンは、父が望みを尋ねると、間髪入れずに太陽が乗る戦車を操ってみたいと言いました。神専用の4頭立て2輪馬車を操るには、想像を絶するような力が必要です。ヘリオスは、自分の言ったことを後悔しましたが、時すでに遅し。自信過剰のパエトンは、早速手綱を操って、出発しました。下手な操縦に気づいた馬たちが、たちまち暴走しはじめたことは言うまでもありません。

大被害をこうむったアフリカ

パエトンは、ギリシャ版無責任男のような人物で、努力せず何でもすぐに手に入れたいジェネレーションに似ています。しかし、そのためには、誰かが代償を払わねばなりません。この場合、代償を払わされたのは大地でした。燃える戦車に乗ったパエトンが、あまりにも地表に近づきすぎてしまったため、広範囲にわたって火災が起き、川は干あがり、アフリカの住民たちの肌は焦げてしまいました。ゼウスは、やむなく雷を落として馬車をとめねばならず、パエトンはポー川に落ちて絶命しました。

愛称：パエトンは「輝く者」を
　　　意味する
父：太陽神ヘリオス
母：オケアニデス（水の女神）、
　　クリュメネ（ティタン神族オ
　　ケアノスの娘）

ちょっとゼウス、
責任とってよ！

お父さんに
言いつけるぞ！

ナルキッソス

ナルシスス／ナリシソス

自分に恋した美少年

あまりに美しく、冷たい少年だったため、自らを熱愛する罰を受けました。まさにナルシスト！

テイレシアスの予言！

ナルキッソスは、ニンフ〔自然界に現れる女性の姿をした精霊〕であるレイリオペの息子で、生まれたときからあまりに美しかったため、ニンフたちの愛を一心に受けて育ちました。レイリオペがテイレシアス（古代最高の予言者で、オデュッセウスにネキュイアて予言を授けた人物、P108）に息子の将来を占ってもらったところ、「ナルキッソスは長生きするだろう。ただし、己を知らないままでいれば」と言われます。どこか曖昧でわかりにくい予言ですが、ナルキッソスは年を経るごとに美しさを増し、多くの者が彼に恋い焦がれます。けれども、本人は意にも介しませんでした。

ウォーターハウス《エコーとナルキッソス》1903年、ウォーカー・アート・ギャラリー（リバプール）

好きなのは自分！

ナルキッソスは、大変な美男に成長しましたが、心は冷たいまま。自分に恋い焦がれる少年アメイニアスを手ひどくこばんで、アメイニアスは自ら命を絶ちました。そのとき、人間の慢心を罰する怒りの神ネメシスの名を呼びながら死んだと言われます。ネメシスは激怒し、ナルキッソスを透き通るような泉へ連れていき、水に映った自分の姿を見せました。誰も愛したことのないナルキッソスは、自分自身に熱烈に恋します。けれども、水に映った姿はその愛に応えてくれません。皮肉なことに彼は、永遠の片想いの罰を受けたのです。

エコーと反射

自分自身に恋い焦がれるナルキッソスは、次第に衰弱していきました。水のニンフであるエコー（P17）は、彼に恋していましたが、ヘラ（P16）の罰を受け、人の口にした最後の言葉だけを繰り返すことしかできません。そのため、ナルキッソスを前にしても、最後の言葉を鏡のように返すだけでした。ちょうど、ナルキッソスが水鏡に反射する自分の姿を見続けるのと同じです。この奇妙な愛は予想通りの結末を迎えます。ナルキッソスは自分自身に夢中になるあまり、水辺に根が生えて花となりました。その花、水仙は可憐ですが根には毒があり、頭は水辺に向いています。まるで水に映った自分の姿を凝視し続けるナルキッソスのようです。

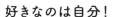

1日中
セルフィー
し たい

ローマ名：ナルシスス
語源：ナルケ（「眠り」）？
父：ケフィソス川の神
母：レイリオペ（ニンフ）
職業：狩人

パンドラ

パンドラ／パンドラ

人類にあらゆる災いをもたらした女性

人類最初の女性で、ゼウス (P12) の人間への仕返しのために、
ヘパイストス (P28) が粘土から作りあげた作品。パンドラは好奇心にあらがいきれず、
ゼウスから贈られた謎めいた壺を開けてしまいました。

レニエ《パンドラ》17世紀、カ・レッツォーニコ（ヴェネツィア）：「何か悪い予感がする」

あらゆる才に恵まれて

ゼウスはパンドラの親のような存在では
ありますが、その経緯は特殊です。プロメ
テウス (P52) に火を盗まれたゼウスは、
人間たちへの仕返しとして彼らの間に不
和の種を植えつけようと考えました。そこ
で発明されたのが女性です (#女嫌い)。ゼ
ウスは、ヘパイストスに制作を依頼し、ヘ
パイストスは粘土を使って作りあげまし
た。そしてすべての神々は、この女性に1
つずつ才能を授けたのです。アルテミス
(P26) からは美を、アテナ (P18) からは織
物を、アポロン (P22) からは歌声を、ヘ
ラ (P16) からは嫉妬心を。そしてヘルメス
(P24) からは虚言と口のうまさ、好奇心
を (#恵まれた女性) 与えられました。

神々のお人形

カロン・カコン

パンドラの誕生前、人間たちは旧約聖書
のエヴァが原罪を犯す前のような楽園で
過ごしていました。彼らは穀物のごとく繁
殖して、疲れも老いも苦しみも知りません
でした。けれども、パンドラの登場で、楽
しい生活に終止符が打たれます。彼女は
毒を含んだ贈り物、古代ギリシャ語で言
うカロン・カコン（美しい悪）。その美しい外
見の下には、不実が隠されていたのです。
さらにゼウスは、効果を最大限あげよう
と、悪意に満ちた贈り物をしました。

愛称：カロン・カコン（「美しい悪」）
父：ヘパイストス（P28。材料は粘土）
母：すべての神々から才を授けられた

悪意に満ちた（2重の）贈り物

ゼウスは、パンドラに謎めいた壺を贈りました。そして開けてはならぬと言い渡し、彼女の好奇心をあおりました。なかには、人類のあらゆる災いが入っていて、パンドラは壺と共にエピメテウス（P52）のもとに送られました。エピメテウスはプロメテウス（P52）の弟で、その名の通り、行動を起こしたあとから考える愚か者でした。プロメテウスは弟に、このパンドラと壺の2重の贈り物に気をつけるよう警告しますが、エピメテウスは耳を貸さず、彼女と結婚します。そしてパンドラは、好奇心にあらがいきれず、壺を開けてしまいました。

クレーン《箱を開けるパンドラ》1910年に出版された挿絵、装飾芸術美術館図書館（パリ）

底には希望があった

パンドラが壺を開けると同時に、あらゆる悪が飛び出し、彼女は取り返しのつかない過ちを犯してしまったことに気づきます。すぐに壺を閉じましたが、すでに病気、老い、戦争、飢餓、貧困、欺瞞、高慢などありとあらゆるものが広がってしまいました。それでもたった1つだけ、他よりもぐずぐずしていたので、壺の中に残ったものがあり、人類は生き延びることができました。それは凶事の予知です。この世は激しく浮き沈みしますが、この予知が壺に残されたおかげで人間は絶望を忘れ、希望と共に生きていくことができるのです。

希望は
残されたわ
これでいい
じゃない

聖書

『旧約聖書』に出てくるエヴァとパンドラは、驚くほど似ていて、たちの悪い好奇心や楽園の悲惨な結末などの共通点が見られます。残念ながら、『創世記』の成立年代は特定しきれず、どのような宗教的影響があったのか、明確には判断できません。しかし、2つの間には決定的な違いがあります。キリスト教では、女性は男性に害をおよぼすために作られたわけではなく、その存在自体は悪ではありません。そのため女性は、教会でそれなりの地位を保ってきました。

ジュエリーメーカー

1982年に設立されたデンマークのアクセサリーブランド、パンドラは、そのビジネスモデルが功を奏して、業績を伸ばしています。同社はタイから安価な石を買いつけ、世界中で販売し、30年でティファニーやカルティエに次ぐ世界第3のジュエリーメーカーになりました。パンドラのように、なかなかのやり手です。

ドメニキーノ《アダムとエヴァを罰する神》1623年、デヴォンシャー公爵家蔵、チャッツワース・ハウス（イギリス、ダービシャー）

オレステス

オレステス／オレステス

アガメムノンの息子にして母殺し

母とその愛人を殺したことで知られています。その罪は、情状酌量の余地はあるもののおぞましく、
エリニュエス（P122）に追われながら、長い間、罪を償わねばなりませんでした。

モロー《オレステスとエリニュエス》1891年、個人蔵：エリニュエスが実際よりも美しく優しげに描かれています！

母から息子へ

アルゴス王アガメムノン（P98）が10年続いたトロイア戦争から帰還する頃、彼の息子オレステスは青年になっていました。しかし、再会を喜ぶ間もなくアガメムノンは、妻の愛人アイギストスに殺されてしまい（寝取られる＋殺される＝2重に最悪）、オレステスの姉エレクトラは弟を守るため、叔父に預けます。後年、成人したオレステスは父の仇を取ろうとアルゴスへ戻り、母とアイギストスの命を奪いました。自業自得でしょうか、そうかもしれません。でもギリシャにおいて、親殺しは最悪の罪とされていたのです。

カロン用にコインがたっぷり入ったオレステスの財布

#大物王子

エリニュエスの憤怒

オレステスが、母クリュタイムネストラ（P64）を殺したことに神々は怒り、復讐の女神たちエリニュエスを送ってこらしめようとしました。彼女たちの所業はすさまじく、狂気寸前におとしいれられたオレステスは、故郷を巻き添えにしまいとアルゴスを去りました。一方、母とその愛人を殺すようけしかけたアポロン（P22）は、彼を不憫に思い、アテナイにおもむいて審判を受けるようすすめます。

迫害から生贄へ

オレステスは、アテナイの司法機関アレオパゴス（P30）で、アテナ（P18）から無罪判決を言い渡されました。怒り狂ったエリニュエスも、アテナイ市民たちから「慈しみ深い女神たち」（素晴らしい反語！）と呼ばれるという申し出を受けて、引きさがります。その後、オレステスは従兄弟であり親友であるピュラデスと共に、アルテミス（P26）の像を奪おうとタウリスへ向かいます。しかし、タウリスでは異邦人を生贄にする習慣があり、絶体絶命の危機に。そこに生贄を捧げる巫女が現れました。

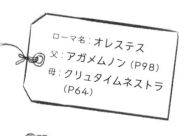

ローマ名：オレステス
父：アガメムノン（P98）
母：クリュタイムネストラ（P64）

私は慈しみ深いの！わかった！？

ハ、ハイ

頭韻
(とういん)

頭韻とは、同じ子音を繰り返すことで音楽的効果を生む表現法。その最たる例が、フランスの悲劇『アンドロマック』で、幻覚に襲われたオレストが蛇に囲まれたと思いこんで、「あなた方の頭上でシュウシュウと音を立てている蛇たちは、誰のため?」と叫びます。フランス語でこの1節は、蛇の音にオレステスの錯乱を重ねあわせ、韻を踏んでいます。

舌を噛みそう

ハーマイオニー

『ハリー・ポッター』世代にとって、ハーマイオニーと言えば、愛らしいエマ・ワトソン。しかし、神話のハーマイオニー(ヘルミオネ)は、少し違います。彼女は幼い頃、オレステスの許嫁でしたが、アキレウスの息子ネオプトレモスと結婚します。しかし、ネオプトレモスの捕虜であり、愛人のアンドロマケ(P96)に病的に嫉妬し、妖術を使ったと彼女を糾弾しました。結局、その怒りの矛先は愛するネオプトレモスに向かい、オレステスをけしかけて命を奪いました。神話によっては、ハーマイオニーはその後、自分が指示したにもかかわらずオレステスを責め、絶望のあまり自殺したというバージョンもあります(#何がしたいのかわからない女の子)。

「ハエ」

フランスの哲学者サルトルは「蝿」で、オレステスを題材に、様々な哲学的省察を展開しています。オレステスは、罪を悔いることは罪から逃れるための卑怯な手段と考え、自分が正しいと信じる2重の罪を全面的に認めます。そしてゼウス(P12)がアルゴスに送ったハエたちを引きつけて、アルゴスの民を悔恨とハエから解き放ちます。ゼウスは「神々や王たちの苦痛に満ちた秘密とは、人間たちが自由であることだ」との逆説をアイギストスにもらします。人間に科された異形のもの、空から送られたハエの大群という具体的な形でモラルを描いた作品です。

ハッピーエンド

生贄を捧げる役目の巫女は、オレステスの姉イピゲネイアでした。アルテミスによって鹿と取り換えられ、トロイア戦争の際に生贄にならずにすんだのです(P26)。彼女は弟のために像を盗み、彼らと共に逃げました。危機一髪! 道中、オレステスはアキレウス(P100)の息子ネオプトレモス(P96)を手にかけます。彼は、許嫁のヘルミオネ(従姉妹であり、スパルタのヘレネ〔P93〕とメネラオス〔P99〕の娘)を自分から奪った憎き男でした。そして、姉エレクトラと従兄弟ピュラデスを結婚させ、ヘルミオネと共にアルゴスとスパルタを治め、90歳で蛇に噛まれて他界しました。

再会

ああ、うれしい!どうしていた?

元気にして方よ ママのこと 殺しちゃった けどね

デュボワ《オレステスのまどろみ》(部分)1820年頃、カンペール美術館(フランス、カンペール):母と愛人を殺したオレステスは、後悔にさいなまれ、深い眠気に襲われます。姉エレクトラは、侍女たちに起こさないようにと言いつけ、弟を見守りました。

イカロスとダイダロス

イカルスとダエダルス／イカルスとデイダルス

天才的な父と、技術を使いこなせなかった息子

イカロスとダイダロスの神話は、技術を御する人間、技術に御される人間を描いた美しい物語です。

匠ダイダロス

ダイダロスはアテナイの王家につながる血筋で、古代版レオナルド・ダ・ヴィンチ的人物。あり余るほどの才能に恵まれながら、嫉妬心も並ではなく、のこぎりとコンパスを発明して名をあげた弟子を塔の上から突き落としました（皮肉なことに、彼の息子も墜落死します。＃ネメシス）。そのためダイダロスはアテナイを追われ、クレタ王ミノスのもとに身を寄せます。クレタ島では、厄介な事件が持ちあがっており、ミノスはダイダロスのような匠を必要としていたのです。

ダイダロスの迷宮

ミノスの妃パシパエは、夫の犯した罪の償いをさせられていました。ミノスは約束に反し、ポセイドン（P14）からもらった白い牡牛を生贄にしなかったため、ポセイドンはパシパエに呪いをかけ、牡牛に恋焦がれるように仕向けたのです。ダイダロスは、彼女が思いを遂げられるよう木製の牛を作り、パシパエは中に入って牡牛と結ばれました。こうして生まれてきたミノタウロスは、牡牛の頭をした怪物で、人目につかないよう迷宮に閉じこめられます。この迷宮もダイダロスの作品でした。

フィフティ・シェイズ・オブ・ギリシャ

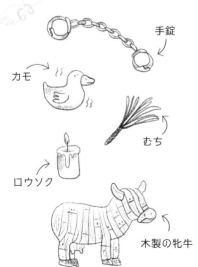

手錠

カモ

むち

ロウソク

木製の牝牛

ヴィアン《イカロスの翼をつけるダイダロス》1754年、国立高等美術学校（パリ）

糸

迷宮からの脱出方法を知るただ1人の人物はダイダロスでした。糸を引きずりながら行けば、それが帰路の目印になります。当時、テセウス（P84）がミノタウロスを倒そうとやってきて、クレタ王女アリアドネは彼に恋をします。彼女を不憫に思ったダイダロスは、脱出方法を教えました。この裏切りに怒ったミノスは、今度はダイダロスと息子イカロスを（糸なしで）迷宮に閉じこめます。けれどもアイデアのつきないダイダロスは翼を作りました。ただしそれはロウで作られていたのです。

技術を使いこなす

ダイダロスは技術を使いこなす達人であり、知恵と努力で飛行機の原型を発明しました。しかし、イカロスは父とは逆に、ヒュブリス（慢心）に走り、飛翔中は絶対に太陽に近づかないようにとの言いつけにも耳を貸しませんでした。技術に酔いしれ、制御できないまま、イカロスの翼は焼け、墜落します。現代社会の象徴のようではありませんか。

語源：ダイダロス（器用な）
関係：父子

イカロスとダイダロスを探せ

便利な糸

固有名詞ダイダロスは「迷宮」を意味する普通名詞となりましたが、巻貝の中に糸を通したいと相談され、アリに糸をくくりつけ、巻貝の中に通して解決したことはあまり知られていません。糸を使った迷宮の脱出方法も、もしかしたらここに由来するのかも。

イカロスの夢
（#ぼくを空に連れて行って）

ギリシャ人は、イカロスを慢心と断じましたが、現代人の見方は違い、自分に課された条件を克服して自然を征することを夢見、頂上を目指した人物だと考えられています。スイスのジュネーブで開催されるエクストリームスポーツイベントの名称は、「イカロスの夢」。時代や文化次第で人の見方も変わるということでしょうか。

向上心と慢心

ギリシャのアンチヒーロー、太陽を目指したイカロスは人々に親しまれ、映画にまでなりました。アンリ・ヴェルヌイユ監督『イカロスの|（I… comme Icares）』（1979年）では、イヴ・モンタン演ずる主役が不都合な真実を明らかにしようとして殺されます。「真実に到達しようとする者は、翼を焼かれる」というセリフは、イカロスを擁護する現代人の心理でもあります（ただし慢心が真実に置き換えられていますが）。一方で、『イカロス（Icarus）』（2017年）は、ロシアのドーピングを糾弾するドキュメンタリー映画。イカロスはこうした二面性を含んでいます。

誰よりも父に感謝します！
父のおかげで、映画界で
有名になれたんですから！

迷宮でのテセウスとミノタウロスの戦いを描いたローマ時代のモザイク。

１２星座（ゾディアック）

誰もが知る12星座。しかし、その起源についてはあまり知られていません（#神話に聞いてみよう）。

うお座

ある日、恐ろしい怪物テュポン（「煙」の意）がゼウス（P12）を王位から引きずり降ろそうと、襲いかかりました。オリュンポスの住人たちはパニックにおちいり、動物に変身して逃げ、アプロディテ（P20）と息子のエロス（P44）は２匹の魚になります。このときの恐ろしさの記憶として、ゼウスはうお座を作りました。

みずがめ座

『イリアス』に登場するガニュメデスはトロイアの王子で、世界一の美男子と謳われていました。鷲に身を変えて飛んでいたゼウスは、彼を見つけてさらってしまいます。そしてオリュンポスへ連れていき、愛人にして、飲みものを注ぐ従者としました。みずがめ座は、宴で水瓶から飲みものを注ぐガニュメデスの姿です。

やぎ座

パンが起源と考えられます。パンはティタノマキア（ティタン神族の戦い、P56）で山羊魚に変身して敵の手を逃れ、その後、ゼウスに手を貸しました。

いて座

いて座はおそらくケイロン（P123）でしょう。ケイロンは古代最高の弓の名人で、自らの知識を惜しげもなく弟子たちに授けました。レルネのヒュドラの血のついた矢が刺さってひどく苦しんだため、不滅の命をあきらめましたが、その代わりに星座にされたと伝えられています。

さそり座

アポロン（P22）の双子の姉アルテミス（P26）はオリオン（P66）に恋をし、気を悪くしたアポロンはオリオンを亡き者にしようとサソリを送りこみました。夏、オリオン座が沈むころ、さそり座がのぼってきます。サソリは、永遠にオリオンを追いかけているのです。

てんびん座

正義の女神アストライアあるいはゼウスのもつ天秤は、トロイア戦争ではギリシャ軍とトロイア軍の勝敗を分けました（最終的に勝利したのはギリシャ軍）。

おひつじ座

クリュソマロス（金羊毛）と名づけられた
空飛ぶ羊の星座。金羊毛はイアソン
（P76）の冒険譚の発端ともなりました。

おうし座

ポセイドン（P14）が、クレタ王ミノスに贈
った白い牡牛です。ミノスは約束を違え、
この牡牛をポセイドンへの生贄にしなか
ったため、ポセイドンはミノスの妻が牡牛
に恋するよう仕向け、ミノタウロスが生ま
れました。

ふたご座

双子はラテン語でゲミヌス。レダ（P64）
から生まれ、トロイアのヘレネ（P93）の
兄弟にあたる双子カストルとポリュデウ
ケス（P82）の星座です（ローマ人は、ローマ
建設の父ロムルスとレムス〔P116〕だと考えてい
ました）。

かに座

レルネのヒュドラの友達であるカニは、戦
いの最中にヘラクレス（P70）にかかとで
押しつぶされてしまい（P71）、その死を悼
んだヘラ（P16）によって天空に送られ、か
に座として永遠に輝いています。

しし座

ヘラクレスの12の試練のうち、1つ目の試
練で倒されたネメアのライオン（P71）です。

おとめ座

ゼウスの娘で正義の女神アストライアで
す。クロノス（P54）が支配していた黄金
時代末期、彼女は粗野な人間たちに愛想
をつかし、地を去りました。天秤と共に描
かれることの多い女神です。

155

INDEX

謝辞

ホメロス（彼はとても重要な人物）、フランスで最高にコミカルなデッサンを描くアンヌ＝ロール、そして神話をリアルに見せ、怪物を小さくしてしまう英雄たちに感謝します。

オード・ゴエミンヌ

オードとアガットの細やかな心遣いに感謝します。この本作りは大きな喜びであり、おふたりに少しだけ恋心を抱いてしまいました。＃ひと目ぼれ
週末ごとに、インスタグラムのコメントで語りかけてくれ、作品作りを手伝ってくれたエマニュエルにも感謝します。
いつもそばにいて、毎日のように励ましてくれたヤニスにもお礼とアイ・ラブ・ユーを。
私の夫はギリシャ系ですが、これからは祖父の目をまっすぐ見て、会話の中に正確に神話を折りこめそうな気がします。＃オードありがとう

アンヌ＝ロール・ヴァルティコス

著者

オード・ゴエミンヌ Aude Goeminne

高等師範学校卒業、歴史学の上級教員資格者。まわりの人を感化してしまうほどの神話好き。本書のイラストを担当したアンヌ＝ロール・ヴァルティコスと共に、ディズニー映画やフランスのユーモア映画で育ち、抜群の神話知識を誇る。本書の特徴の1つである知識と笑いの絶妙な融合は、この2人のコラボならでは。著書に『Histoire du jour bonjour』がある。

監修者

松村一男 Kazuo Matsumura

1953年生まれ、東京大学大学院博士課程満期退学。現在、和光大学表現学部教授。専門は比較神話学。主な著書に『はじめてのギリシア神話』（ちくまプリマー新書）、『神話学入門』（講談社学術文庫）など。その他、翻訳書や監修書も多数。

世界一よくわかる！
ギリシャ神話キャラクター事典

2020年 7月25日　初版第1刷発行
2024年 5月25日　初版第8刷発行

著　者：オード・ゴエミンヌ（©Aude Goeminne）
発行者：津田淳子
発行所：株式会社 グラフィック社
　　　　〒102-0073 東京都千代田区九段北1-14-17
　　　　Phone：03-3263-4318　Fax：03-3263-5297
　　　　https://www.graphicsha.co.jp

制作スタッフ
監修：松村一男
翻訳：ダコスタ吉村花子
組版・カバーデザイン：田村奈緒
編集：鶴留聖代
進行：本木貴子（グラフィック社）

印刷・製本：図書印刷株式会社

ISBN 978-4-7661-3427-8 C0076
Printed in Japan